Manual de gestión y resolución de conflictos

JOSEP REDORTA

Manual de gestión y resolución de conflictos

Principios, consejos y herramientas para mediadores y negociadores

ALMUZARA

Primera edición: enero de 2020

Editorial Almuzara • Colección Sociedad actual
Director Editorial: Antonio Cuesta
Edición de Ángeles López
Diseño y maquetación: Rebeca Rueda

www.editorialalmuzara.com
@AlmuzaraLibros

Imprime: Lince Artes Gráficas
ISBN: 978-84-18089-15-2
Depósito Legal: CO-1734-2019
Hecho e impreso en España - *Made and printed in Spain*

MIXTO
Papel procedente de fuentes responsables
FSC® C120701

DEDICATORIA

El convencimiento de estar en el buen camino nos ayuda a todos y todas a vencer las inercias y rutinas que limitan nuestro entusiasmo. Este libro está dedicado a todos los profesionales que se esfuerzan con creatividad y tesón a resolver diariamente situaciones problemáticas que cada vez son más complejas.

Me admira la capacidad de no desanimarse y ensayar planteamientos que, aun a veces poco experimentados, suponen riesgos controlados y oportunidades de aprendizaje.

Todos deseamos que las personas y el mundo sean mejores.

Granollers (Barcelona)
Verano de 2019

JOSEP REDORTA

Índice

PRÓLOGO
DE CAMILO AZCARATE

En toda profesión existen autores que se destacan por la originalidad de su pensamiento, que resulta de la simbiosis entre una intuición incisiva y una superlativa capacidad de síntesis. Sus esfuerzos materializan la unión de conceptos e ideas que hasta entonces eran islas dispersas en el vasto océano del conocimiento. El resultado final es un todo que siempre supera con creces a cada una de sus partes.

En la ciencia y la profesión de resolución de conflictos, hay varios autores que han demostrado una y otra vez su maestría en esta labor de síntesis creativa. Esta corta lista incluye los nombres de Bernie Mayers, Bill Ury y Donna Hicks, entre otros. En castellano, el autor que mejor refleja esta tradición creativa e innovadora es Josep Redorta. Su aporte, su gran regalo a los practicantes de resolución de conflictos, consiste en forzarnos a pensar de manera diferente sobre situaciones que enfrentamos día a día. Nos muestra que hay más de una forma de aproximarse a estos problemas, y que muchas de esos cambios de perspectiva no solo son posibles, sino necesarios.

En este libro, Josep Redorta usa magistralmente su capacidad de síntesis creativa y la pone al servicio de su conocimiento enciclopédico en psicología, sociología, antropología y resolución de conflictos. El resultado es un libro que nos reta a aceptar los múltiples niveles de complejidad del conflicto como realidad humana. Al mismo tiempo que nos reta a pensar diferente, Josep nos facilita las herramientas prácticas para hacerlo, herramientas que nos facilitan el análisis y la comprensión de la complejidad inherente a todo conflicto y a trabajar efectivamente con ella. Esto nos permite evitar errores nacidos de la sobresimplificación o la complacencia.

Un cuarto de siglo de experiencia como mediador, *ombudsman*, facilitador y administrador en entidades académicas e internacionales me han dado la oportunidad de apreciar lo que hemos avanzado en la profesión de resolución de conflictos, pero sobre todo lo mucho que queda por hacer.

Las metodologías que hemos desarrollado desde finales de la Segunda Guerra Mundial nos han permitido avances importantes. Sin embargo, el mayor avance se ha producido en el manejo de conflictos con una complejidad relativamente baja. Una vez el conflicto supera cierto nivel de complejidad, el uso de metodologías como la negociación de intereses, o el *problem solving* ha demostrado menor efectividad. Por ejemplo, en nuestro trabajo como *ombuds* en el interior de organizaciones, contamos con herramientas relativamente efectivas para la resolución de conflictos entre individuos o grupos, incluidos la mediación y el *ombudsman*. Pero cuando se trata de intervenir en situaciones con un mayor nivel de complejidad, como la cultura organizacional, nos encontramos con que las metodologías de las que disponemos son menos efectivas.

En este libro Josep Redorta nos ofrece conceptos y herramientas que nos permiten llenar esta necesidad. Su libro contiene una amplia lista de elementos en distintos niveles de realidad (psicológico, cultural, social, etc.) que facilitarían el análisis de conflictos altamente complejos. Estos elementos facilitan muchísimo, por ejemplo, el análisis dinámico de estos conflictos decididamente complejos.

Josep Redorta nos presenta en *Manual de gestión y resolución de conflictos* conceptos que, en mi opinión, son esenciales para el practicante. Reflexiones sobre el rol central de la ambigüedad en los procesos de influencia (y las limitaciones que genera su ausencia), la importancia de los marcos mentales, las emociones y las motivaciones individuales o la descripción de procesos como la polarización de grupos, son solo algunos ejemplos de los conceptos desarrollados en este libro que, estoy seguro, serán un valioso aporte para todo aquel que quiera aumentar su conocimiento y mejorar su práctica en resolución de conflictos.

En resumen, *Manual de gestión y resolución de conflictos. Principios, consejos y herramientas para mediadores y negociadores* es un libro que nos invita a cuestionar lo aprendido y replantear nuestra práctica de una manera más realista y profunda.

CAMILO AZCARATE
Santiago de Chile, agosto de 2019

Camilo Azcarate es un experto internacional en resolución de conflictos con 25 años de experiencia como *ombudsman,* mediador, facilitador y profesor universitario. Camilo es el *ombudsman* de la ESO (Observatorio Europeo Austral) y anteriormente trabajó para el Banco Mundial y la Universidad de Princeton.

Camilo es profesor universitario en la maestría en Negociación y Resolución de Conflictos de la Universidad de Columbia en Nueva York y fue *fellow* del Centro de Asuntos Internacionales Weatherheas de la Universidad de Harvard. Igualmente, es miembro de la Junta Directiva de la Asociación Internacional de Ombudsman (IOA).

PRESENTACIÓN

Esta obra pretende ser de ayuda a todos aquellos que deben enfrentarse con profesionalidad y de manera continuada a situaciones conflictivas.

El libro parte de la estructura básica de todo conflicto. Examina la energía básica que lo mueve, los desencadenantes, el contexto, el rol de la influencia social, los marcos mentales y las relaciones de poder.

Se examinan a continuación procesos que debemos conocer cuando un conflicto escala y qué acciones creemos que podrían ser pertinentes para iniciar la desescalada. Al tiempo, hemos procurado ofrecer herramientas de tipo práctico que entendemos pueden ser aplicadas al caso concreto.

La mediación y la conflictología se hallan en momentos de profundo cambio, como toda la sociedad. Es posible que los aprendizajes sociales para resolver conflictos que hemos efectuado hasta ahora nos resulten claramente insuficientes. Y, sin embargo, las ciencias sociales tienen aún muchas cosas conocidas que no hemos incorporado a nuestro bagaje personal y que pueden sernos de alta utilidad.

Conocer mejor que estamos actuando de la manera más correcta nos va a tranquilizar y permitir ganar en seguridad y eficacia, manejando mejor los riesgos de intervenciones que a veces resultan poco afortunadas por simple desconocimiento de procesos que ya están estudiados.

Manual de gestión y resolución de conflictos. Principios, consejos y herramientas sugiere que, con toda seguridad, muchas veces deberíamos salir de nuestra zona de confort. Ser creativos e incorporar recursos y visiones nuevas. Advertimos que las novedades que el libro presenta son novedades experimentadas. Tal vez poco conocidas, pero sin duda eficaces en términos generales.

PRIMERA PARTE

SITUADOS ANTE EL CONFLICTO

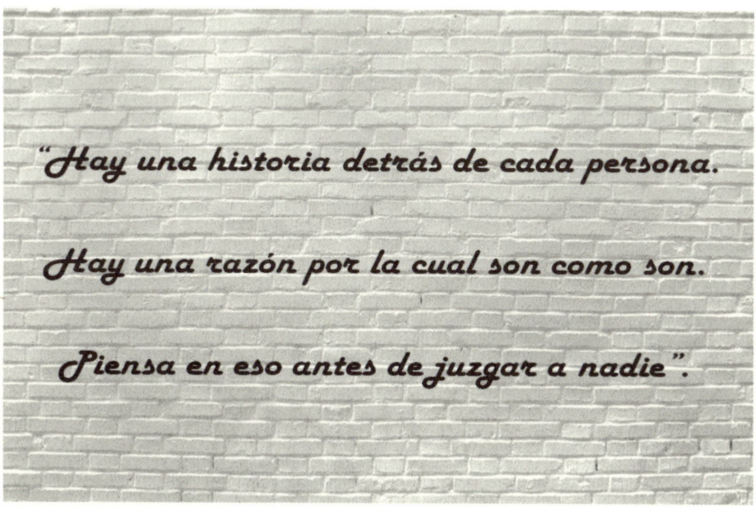

1.1. EL ESTUDIO DEL CONFLICTO

Es probable que uno de los primeros en usar el término «conflictología» fuera Eduard Vinyamata. Su libro *La conflictología*, publicado en el año 2007, trata de acotar el concepto[1]. No obstante, el mismo fue usado por Johan Galtung (2008), el gran teórico de los estudios de paz, en su trabajo *Towards a Conflictology: The Quest for Transdisciplinarity*[2].

La conflictología viene a centrar el campo hasta hace poco —y aún ahora— denominado «Estudios de paz y conflicto» o «Peace Studies» en su expresión inglesa. Se trata de constituir una ciencia muy transversal que ponga todo tipo de conflicto en el eje de la investigación y la acción social. Se trataría pues de una ciencia en construcción muy multidisciplinar.

La conflictología abarcaría el conocimiento teórico hoy desarrollado sobre el conflicto y los recursos de afrontamiento con relación al mismo. Ya en 1998 Dean Pruitt[3] afirmaba que el estudio del conflicto debía ir forzosamente unido a los medios de su resolución.

Desarrollar esta idea supone partir de un modelo de conflicto. Y todo modelo no deja de ser un intento de ordenar la información disponible de algún modo, con vistas a su utilidad práctica.

En 2018 desarrollamos un esquema que trata de situar los elementos de cualquier conflicto, sea el que sea el ni-

---

[1] Vinyamata, E. (2007) en *La conflictología* el autor define la conflictología como: «Ciencia disciplinaria de los conflictos». Ver una definición más amplia y abarcativa en pág. 47 de ese texto.

[2] Este trabajo forma parte de las conclusiones del libro *Hanbook of Conflict Analysis and Resolution*, pág. 511 y siguientes, citado en la bibliografía.

[3] Una ampliación de esta idea más detallada verla en Redorta, J. (2004). *Cómo analizar los conflictos*, págs. 44 y 45.

vel en que se produzca o la clase de conflicto presente. Obviamente el intento es tentativo, pero siempre es mejor partir de algo cuya elaboración haya requerido un esfuerzo de síntesis. Examinemos el siguiente cuadro:

ESTRUCTURA DEL CONFLICTO

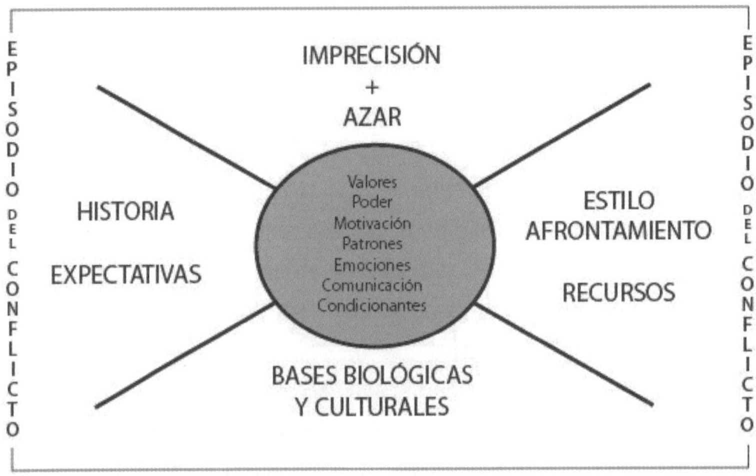

Estructura del conflicto.
Fuente: Redorta, J. (2018). *La estructura del conflicto* (Almuzara).

A partir de este cuadro, podemos organizar la información viendo que en todo conflicto existe un —vamos a llamarle— núcleo duro de elementos. A su alrededor hay hasta cuatro áreas sobre las que se apoya ese núcleo.

No obstante, esto podría considerarse una visión estática o estructural del conflicto. Sin embargo, la realidad es que cualquier conflicto supone siempre una situación dinámica. Por esa razón, las personas gestoras de conflictos requieren del uso de herramientas diversas, de estrategias distintas y adaptables.

Esta situación dinámica abarca desde el inicio del conflicto hasta su resolución o transformación, en palabras de algunos autores. Esencialmente, distinguimos una fase de formación del conflicto, otra fase de desarrollo (que llamamos «escalada»), hasta un punto de tensión o punto de madurez, donde se inicia un proceso de desescalada.

El episodio de conflicto lo podemos imaginar como una película donde se suceden diversas escenas, pero hay algunas singulares que constituyen el nudo de la acción. Este nudo puede cambiar en distintas formas, pero lo que es seguro es que todo confluye en un momento dado y que a partir de ahí avanzamos hacia el desenlace, a veces sorpresivo o inesperado.

Las escenas de conflicto pueden ser muchas, pero realmente acostumbran a estar muy relacionadas con el núcleo central de la trama que vamos viendo. Esta visión del episodio de conflicto no es una metáfora cualquiera, algunos autores han visto la vida como una sucesión de situaciones que interpretamos desde nuestros distintos roles[4].

Las cuatro áreas del modelo al que nos hemos referido nos sirven para situar un marco adecuado al episodio de conflicto. Tenemos un «antes» y un «después deseado» al examinar la historia y las expectativas. Y también unos condicionantes de carácter biológico o cultural.

Tenemos culturas muy comunitaristas en las que el grupo tiene un papel preponderante. Igualmente, hay individuos altamente impulsivos por su raíz genética (grupos más violentos), otros más orientados a la inacción y a la contemplación, por así decirlo y a título de ejemplo.

Mientras, la incertidumbre y el azar siempre tienen un rol en todo conflicto. La simple existencia del mismo ya genera un entorno de incertidumbre que debe ser considerado siempre. Qué decir de correos electrónicos que

---

[4] Particularmente en la sociología con autores como Goffman, E. y otros.

se pierden o de fallecimientos inesperados a mitad de un proceso, etc.

En la parte derecha del cuadro, podemos observar que existen diversos estilos para hacer frente a una situación de conflicto, ya que estos no coinciden muchas veces entre las partes en disputa[5].

Finalmente, al referirnos a «recursos» estamos pensando en las distintas posibilidades de acción de las que puede echar mano el gestor o gestora del conflicto concreto.

Nos queda un círculo central donde se concentran en toda disputa una serie de fenómenos que conviene conocer: creencias y valores, relaciones de poder entre las partes, características de la comunicación, motivaciones apreciadas y emociones presentes. Y sobre todo: los patrones estables que sigue ese conflicto concreto y sus diferencias condicionantes con cualquier otro[6].

Vemos pues que todo este complejo proceso de cosas entrelazadas que constituyen la acción conflictiva, debe ser tratado en su conjunto, de manera ordenada, captando matices y situaciones que la ciencia ha explicado que debemos conocer para actuar con eficacia.

La conflictología ha venido para ayudarnos a establecer el mapa de cómo puede ser más útil actuar en el caso concreto. De ahí la necesidad de correlacionar teoría y práctica. Estudio y acción al servicio de las personas que diariamente se tienen que enfrentar a situaciones de disputa.

---

[5] El llamado «instrumento Thomas-Kilmann», parte de los trabajos seminales de estos autores en 1974 y ha sido muy validado. Clasifica en cinco grupos la conducta ante el conflicto: competir, evitar, cooperar, negociar y conciliar. Hay una abundante serie de referencias en Google Scholar.

[6] Una ampliación del modelo verla en Redorta, J. (2018). *La estructura del conflicto.*

1.2. LA ENERGÍA COMO MOTOR DE TODO CONFLICTO

Para que un conflicto entre personas o grupos se desarrolle precisa energía. La energía es fuerza, es poder, es potencial, es capacidad. La vida no puede funcionar sin energía. Los humanos precisamos incorporarla a nuestro cuerpo en forma de alimentación a fin de que el mismo funcione adecuadamente.

En situaciones de conflicto se precisa aún más energía. De hecho, el conflicto se enmarca en la dinámica ESTABILIDAD VS. CAMBIO y este proceso —como todos los procesos físicos— (los humanos también somos seres físicos) consume energía. Por tanto, para que se produzca y obtenga sus objetivos, el conflicto lo primero que requiere es ESFUERZO.

Este esfuerzo puede ser visto como un juego de fuerzas que se mueven en distintos sentidos y la mayoría de las veces de forma contradictoria, porque existen mecanismos de atracción y de repulsión. De alguna manera, la vida precisa tanto conservación como cambio para adaptarse a entornos también cambiantes. A veces, estos cambios suceden de manera brusca. Entonces puede ser una ruptura.

Lo vemos en la naturaleza. Vemos fenómenos de evolución lenta como la erosión de una montaña. O bien de carácter más brusco, como un terremoto o la erupción de un volcán o un tornado.

Todo conflicto se alimenta de energía, cuando la energía decae, decae el conflicto. Esto no significa que se haya resuelto. Unas veces se diluye y otras se cronifica. Es decir, tiende a pasar desapercibido pero su presencia sigue ahí, con un menor consumo de energía y pudiendo reavivarse en cualquier otro momento.

Desde un punto de vista psicofisiológico, las emociones despliegan energía y tienen una función adaptativa al entorno. Reaccionamos indignándonos, teniendo miedo, alegrándonos o con enfado, etc.; esto supone un desgaste de energía que transmitimos a los grupos en los que participamos. Estos grupos a su vez también reaccionan y el conflicto cobra nueva dimensión.

Una buena metáfora de todo esto puede ser una olla con agua puesta al fuego. Mientras el fuego esté vivo el agua sufrirá procesos físicos de calentamiento, de ebullición o de sublimación pasando toda el agua a vapor. Al final, puede hasta quemarse la olla si el flujo de energía, que en este caso es el fuego, sigue actuando.

El fuego como metáfora del conflicto se ha utilizado en la vida cotidiana y se habla de pasiones que encienden ira, rabia, amor, odio, etc. Pero no debemos olvidar que todo fuego también produce luz, además de calor; que el mismo transforma los materiales que se consumen en él, que requiere acercarse con sumo cuidado y que cuando se desborda, conviene llamar a los bomberos.

El efecto de iluminación que produce un fuego también sucede en los conflictos, donde pueden aparecer en los medios de comunicación o en las comunicaciones informales más amplias.

Olla al fuego

Para nosotros las preguntas son:

¿Qué fuego alimenta ese conflicto?

¿De dónde sacan las partes la energía para proseguir el conflicto?

Pueden ser recursos personales de todo tipo incluyendo los económicos, la capacidad de influencia, etc.

De esto es preciso deducir una primera consecuencia:

Para intervenir en un conflicto es preciso descubrir cuál es la fuente de la energía que se consume. Esto es, el examen de su origen profundo.

Todo conflicto al que se le puede reducir la fuente o fuentes de energía se aminora al disminuir su alimentación. La idea expresada en la práctica popular de «echar leña al fuego» referida a una situación de conflicto, es fomentar su intensidad.

Consideremos ahora otra cuestión. Toda persona y todo grupo tienen un determinado nivel de energía que se dedica a una doble función:

a) AUTOCONSERVACIÓN.

La autoconservación es la energía que hemos de dedicar a mantenernos. Si se refiere al ámbito personal esta será comer, dormir, etc., el conjunto de funciones para permitir estar en acción. Si se trata de un grupo, se precisan también esfuerzos para mantener la cohesión de aquel, en un nivel adecuado a lo que se pretenda.

b) CONSECUCIÓN DE OBJETIVOS PREDEFINIDOS ORIENTADOS A FUTURO.

El exceso de energía que va más allá de la autoconservación puede dirigirse a los objetivos individuales o colectivos; o a ambos a la vez. Esto es la acción orientada hacia un objetivo de la persona o de cada grupo. La escalada del conflicto depende de ese excedente de energía personal y de los recursos disponibles.

Así pues, podemos quedarnos con la idea de que la energía total de las personas y de los grupos a los que pertenecemos está siempre en un equilibrio inestable entre nuestras necesidades y nuestros objetivos.

1.3. LA ENERGÍA Y LA NUCLEACIÓN DEL CONFLICTO

Esta energía disponible de una persona o grupo dirigida a objetivos se aplica a procesos de orden psicosocial que pueden ser contradictorios en el marco de la interacción social. Este verdadero choque de energía, a un nivel más alto o más bajo de consumo de recursos personales o sociales, produce un proceso de nucleación.

La formación de cualquier conflicto responde a este proceso que ya se da en la naturaleza física. Así, a título de ejemplo, cualquier tumor se puede ver como una forma estable que tiene potencial dinámico y que juega un rol distinto y contrario a los procesos saludables normales del funcionamiento del cuerpo en los humanos y animales.

Pero esto no sucede únicamente en este ámbito, realmente sucede en todos. Así un cristal mineral responde a un proceso físico de nucleación. Una ciudad también puede ser vista como un proceso de formación de núcleo de los habitantes de una zona. Un enfermo mental obsesivo ha nucleado su energía psíquica hacia un determinado aspecto.

Estamos pues en un proceso de convergencia de la energía hacia un objetivo que, en principio, puede entrar en contradicción con la misma persona, el grupo o el entorno. Cuando esto sucede, estamos en una discontinuidad.

Esta discontinuidad que va a formar el núcleo de algo es en realidad un sistema de fuerzas en equilibrio incluso a nivel físico. Por ejemplo, la forma de un objeto cualquiera contiene un conjunto de equilibrios dinámicos y en tensión para que tal objeto no se rompa[7].

---

[7] El concepto está ampliamente desarrollado en la obra de referencia *Sobre el crecimiento y la forma* de D'Arcy Thompson, pág. 27.

En las relaciones sociales podemos afirmar que sucede lo mismo, pero de otra manera. Podemos pensar que la interacción que sostiene cualquier grupo humano cohesionado ya sea un club deportivo, un grupo musical, una familia o una pareja de amigos, es estable, sin olvidar los aspectos dinámicos de la misma. Es pues estable hasta cierto punto. Hay una energía que se ha constituido en núcleo, que puede en un momento dado tender a la dispersión. Los objetivos pueden convertirse en contradictorios para algunos participantes en los grupos humanos y en el plano personal pueden aparecer fuertes dudas y tensiones.

Cuando el conflicto se da en un grupo humano, aunque sea de muy pequeño tamaño, existe una tendencia a poner en tensión la cohesión de ese grupo. Este fenómeno se conoce en dinámica de grupos como «polarización».

Las actitudes, las posiciones, los intereses de las partes confrontadas se agrupan en mayorías y minorías. En este supuesto, aparecen fuerzas opuestas que pueden reconfigurar dos o más grupos si la cohesión se rompe o queda muy afectada. Este fenómeno concreto se estudia en psicología en el marco de la INFLUENCIA SOCIAL. A su vez, la polarización produce interesantes procesos sociales cuyos mecanismos pueden estudiarse y son bastante conocidos.

La energía concentrada en un núcleo tiende a seguir procesos generales de estabilidad y cambio, razón por la cual el conflicto está bien visto si lo imaginamos como algo con vida propia.

Si partimos del supuesto de que en la vida todo tiene que ver con la forma y el crecimiento[8], debe existir algún proceso que desencadene la nucleación y, por tanto, la

---

[8] Nos remitimos nuevamente a la obra de D'Arcy Thompson ya citada.

creación de formas de conflicto está inserta en la vida física, biológica y psicológica del mundo.

Observemos dos de los fenómenos principales que ocurren en los grupos: el efecto de normalización (consenso) y el efecto de polarización (conflicto):

FENÓMENOS RELEVANTES
EN LA COHESIÓN DEL GRUPO

Consenso
• Efecto de normalización. • Estabilidad. Baja implicación en el conflicto.
Polarización
• Efecto de polarización • Cambio. Opiniones extremas bipolarizadas.

Fenómenos relevantes en la cohesión del grupo.
Fuente: Redorta, J. (2004) en elaboración de trabajos de Sherif (1936) y Moscovici y Zavalloni (1967). No publicado.

En el proceso de estabilidad y cambio las tensiones que afectan a la cohesión tienen que ver con qué reglas siguen estos fenómenos y, por tanto, conviene identificar bien lo que ocurre. En consecuencia, es muy conveniente empezar a pensar ya, desde el punto de vista de la intervención, cuáles son los mecanismos de regulación de que disponen las personas y los grupos enfrentados para afrontar la situación conflictiva.

Aprendamos que:

Todo conflicto está relacionado con los mecanismos de regulación[9] de la acción social.

Esto lo trataremos al ver los procesos de escalada y desescalada de los conflictos.

[9] Thom, Réné en su obra básica *Estabilidad estructural y morfogénesis,* desde la geometría y sus aplicaciones en ciencias sociales plantea esta cuestión que estimamos perfectamente asumible y aplicable a la conflictología.

1.4. EL CONFLICTO LATENTE Y EL DESENCADENANTE

Un conflicto latente es un conflicto soterrado, que aún no ha emergido y del cual muchas veces solamente se tiene una conciencia somera. En algunos casos sí se tiene conciencia, como en el supuesto de los conflictos que se han hecho crónicos.

Se trata de conflictos que no han podido ser resueltos y que quedan atascados en la dinámica de la vida social y de las organizaciones. Todos conocemos muchos supuestos de esta clase, desde la presencia de alumnos llamados conflictivos en un aula, a la presencia de roles mal definidos en una organización, a conductas evitativas de dirigentes, etc.

La idea de «conflicto latente» no puede desvincularse de la idea de «conflicto emergente». Un conflicto es emergente cuando es reconocido como conflicto por alguna de las partes a enfrentarse, dándose el caso que para alguien una situación puede ser de conflicto y para otra persona o grupo, no. El significado de determinados hechos puede no ser el mismo para todos los implicados.

Para que una situación conflictiva pase del estado latente al emergente tiene que suceder algo y esencialmente son dos cosas:

a) Unas condiciones iniciales que puedan ser vividas como contrarias a la equidad en algún sentido y que se entiendan inaceptables en el contexto social concreto. Ya estemos hablando de pobreza en un colectivo, de reparto injusto de salarios, de descalificaciones personales, de no asunción de responsabilidades, de mala ejecución de roles personales, etc.; si nos referimos a esas condiciones iniciales, la mejor metáfora tiene que ver con la agricultura. Un campo para ser sembrado requiere de unas condiciones de labrado, regadío, temperatura, etc. En otras palabras, en ciertas condiciones las plantas crecen y en otras no crecen. En conflictología podemos afirmar que existen condiciones que permiten asegurar que un conflicto va a desarrollarse y crecer. Por ejemplo, cualquier situación de ataque a la autoestima como un insulto, mala comunicación, problemas sociales estructurales graves, etc., crean las condiciones de partida para llevar a esa situación que ha sido definida como «la gota que hace rebosar el vaso». Evidentemente, es un supuesto en que al derramarse el líquido somos conscientes de que el vaso estaba ya lleno. Esa última gota, aunque por sí sola no tiene importancia, lo que hace es desencadenar todo el proceso de emergencia del conflicto.

b) La presencia de un elemento desencadenante que hace emerger el conflicto soterrado. En una metáfora, el producto inflamable requiere una cerilla para que el incendio se origine. En química, un desencadenante acelera una reacción sin modificarla. A veces esto se provoca a través de un proceso que se llama de catálisis. En un ejemplo, el hierro finamente dividido sirve de catalizador para producir la reacción que conduce al amoníaco a partir del nitrógeno y el hidrógeno. En biología, las enzimas son catalizadores de diversos procesos bioquímicos de nuestro metabolismo. Y en los sistemas sociales se viene sosteniendo que se trata de procesos dinámicos inteligentes y que existen estos fenómenos de catalización. Así, la readmisión forzosa de un trabajador despedido o un cambio de directivo en una organización pueden ser un revulsivo, en un caso concreto, que produzca y haga emerger el conflicto soterrado. En una metáfora, que reiteramos, el producto inflamable requiere una cerilla para que el incendio se origine.

El examen del elemento desencadenante del conflicto puede aportar mucha información sobre las condiciones iniciales del mismo y su estudio no debe negligirse por nimio que pueda parecer.

EXPLORACIÓN DE DESENCADENANTES CON LA TÉCNICA DE FRASES INACABADAS

En la exploración de cualquier tema hay momentos en los que puede ser muy útil la introducción de aspectos que puedan ser asociados a los hechos que se pretenden aclarar. La fundamentación es la asociación de ideas y presupone jugar con pausas largas luego de usar frases inductoras. He aquí algunos ejemplos:

- *Entonces lo que ocurrió fue…*
- *Tal vez algún otro factor pudo influir en…*
- *No sé si se le hace difícil pensar más motivos para…*
- *Normalmente, las personas no reaccionamos así…*
- *Si nos imaginamos el futuro, tal podría pasar que…*
- *No sé si sería útil buscar otro camino…*
- *Si olvidamos las culpas, el resultado es…*
- *No sé si nos conviene ahora más calma…*
- *Desde otro ángulo, la respuesta no sé si sería distinta…*
- *Tal vez al darle más vueltas veamos que…*
- *Este asunto está demasiado…*
- *Quizás ha faltado un poco de…*
- *La situación produce sentimientos como…*
- *Si no fuera por…*
- *Estoy pensando si el mejor camino no sería…*

REDORTA, J. (2019)
sin publicar, sobre ideas de línea
psicodinámica freudiana.

1.5. LAS RELACIONES DE PODER

Aunque tiene de todo un poco, el poder no es ni la autoridad, ni la fuerza, ni el control, ni el estatus, ni la jerarquía, ni el liderazgo. De ahí muchas de las dificultades para su comprensión.

Una definición muy aceptada de poder es la siguiente: A tiene poder sobre B en la medida en que consigue que B haga algo que, de otro modo, no haría.

Las relaciones de poder se forman ya en la infancia y el proceso de socialización nos ha hecho muy hábiles en reconocer muchas formas de ejercer el poder en la interacción social. El poder debe ser visto como una relación entre las partes. Ni una tiene todo el poder, ni la otra parte carece por completo de poder. El ejercicio de este tiende a ser gradual y expansivo, esto genera conflictos porque las personas en muchos casos tendemos a querer mandar, dirigir o controlar a los demás con demasiada frecuencia.

El poder se puede fundamentar en la personalidad. Hay personas de las que se percibe su capacidad de liderazgo de forma inmediata. En otros casos, la disposición de toda clase de recursos, por descontado también el dinero, permiten a alguien disponer de poder.

Podemos también concluir que hay fuentes de poder basadas en el conocimiento ya sea experto o de otro campo. Es evidente que nuestro informático tiene poder si no dominamos las claves de esa tecnología.

Una fuente poco considerada de poder es la organización. La eficacia de los medios para conseguir objetivos es una fuente de poder. Digamos que un ejército desorganizado es poco ejército, y esta metáfora nos sirve para todo.

Otra fuente de poder muy importante y que no debemos olvidar, ya que a veces se nos pasa desapercibida es la vinculada a las creencias. Una anécdota ilustra bien el poder de las creencias: en una visita a un monasterio de clausura, se formuló la pregunta de cuál era la razón de que los monjes no salieran a la ciudad. La respuesta fue: «Ellos ya saben que no deben salir». Este es un ejemplo del fenómeno que en psicología social se conoce como «sumisión libremente consentida» y que en este caso afecta a la esfera personal de forma íntegra.

Las creencias del tipo que sea condicionan de manera muy importante nuestros actos. Una secta es un caso extremo y desde las religiones a la publicidad, tenemos constantes mensajes para que «creamos». Las formas más sutiles pasan por la manipulación y el chantaje emocional. Afirmamos que:

En cualquier interacción las relaciones de poder están siempre presentes. nadie que intervenga de algún modo en un conflicto, le afecte o no, debería ignorar las múltiples formas en las que el poder se manifiesta. Muchas veces se trata de mecanismos muy sutiles, otras veces aparecen de forma más evidente, incluso violenta.

El análisis de las relaciones de poder puede ser muy subjetivo ya que lo que cuenta no es tanto el poder que realmente se tiene, sino el que creemos que tiene la otra parte. Es decir, actuamos en función del poder que atribuimos a los demás.

Reconducir los problemas requiere saber comprender bien los mecanismos de la mente y manejar adecuadamente los sentimientos de obligación que nos generan y que generamos. La manera de funcionar las relaciones de poder es un aspecto central en las relaciones sociales del tipo que sean.

El poder impuesto de forma coactiva siempre genera resistencia. No nos gusta que nos manden cosas y para obviar esta dificultad inventamos estrategias para conseguir los mismos resultados por vías más indirectas. Hemos llamado «El poder de no imponer nada» a situaciones como la que describimos a continuación:

EL PODER DE NO IMPONER NADA

El carrito de la compra que usamos en los supermercados tiene una interesante historia que contarnos.

El carrito de la compra cubre una necesidad evidente, permite depositar los objetos adquiridos y desplazarse por el centro comercial pudiendo concentrar la atención en los productos expuestos. Su historia de casi un centenar de años solamente ha ido incorporando mejoras a la idea central (poder colocar los productos mejor, poner niños pequeños dentro en una experiencia lúdica, etc.). Sin embargo, la historia que nos interesa es el recorrido del carrito en el supermercado. Hemos aprendido que hay un lugar donde están depositados esos carritos y hacia allá nos dirigimos a buscarlos.

El problema nace después de pagar y al llevar la mercancía hacia un coche ¿qué hicieron las empresas para que siempre hubiera carritos disponibles en su lugar? Una de las primeras opciones fue pedir educadamente a los clientes que dejaran los mismos en su lugar. Sin embargo, y a pesar de la buena voluntad, unas veces por prisas, otras porque gente despreocupada los dejaba en cualquier lugar, el sistema no funcionaba y requería un coste de recogida más o menos permanente.

Se pidió a los vigilantes de seguridad que controlaran este aspecto que implicaba un evidente desorden. Pero la advertencia, orden o sugerencia al cliente de «lo que debía hacer» devolviendo el carrito a su lugar, estropeaba la llamada «experiencia de compra». La compra tiene que ser una experiencia positiva.

Y entonces surgió la idea. Una ranura para poner una pequeña moneda que liberara el carrito agrupado en una serie justo en el lugar donde el supermercado deseaba que el carrito fuera devuelto. Obviamente, la moneda era recuperable.

La experiencia positiva de compra estaba salvada. De hecho, no había ninguna imposición al cliente. Solamente había sido educado para saber dónde encontrar los carritos de la compra y donde dejarlos.

Tenemos pues aquí un claro ejemplo de conseguir un objetivo sin necesidad de usar la imposición y al mismo tiempo a coste cero. Se nos han evitado todas nuestras reacciones negativas derivadas de la resistencia que oponemos a que se nos ordenen cosas o se nos impongan. La suavidad del sistema inventado lo impregna todo. De tal manera que una vez acostumbrados al mecanismo de ser ordenados hasta puede obviarse la moneda en algunos casos.

Nuestra mente unas veces requiere un *shock* que nos hace salir de la rutina de nuestro diálogo interior. Sin embargo, mayoritariamente quiere suavidad. En palabras de un sabio llamado Hong Yinming, que vivió allí en China sobre nuestra Edad Media, conviene actuar «como el viento de primavera que descongela, cómo la calidez que derrite el hielo lentamente».

1.6. EL ROL DEL SIGNIFICADO

¿Qué explicación puede tener que la misma cosa para unos sea una fuente de conflicto y no para otros?

La respuesta está en lo que significa para cada cual la situación que se plantea. Así, robar 100 euros a un rico puede no ser relevante para el mismo. Pero que le roben los mismos 100 euros a una persona que los precisa para comer ese mismo día, y no tenga más, puede ser un gran problema.

La idea de significado nos introduce en la representación mental que cada uno tiene del hecho que haya sucedido. La información penetra en nuestro cerebro a través de la percepción de nuestros sentidos, pero nuestro cerebro tiene que estar habilitado para ordenar esa información.

Observemos que:

El cerebro percibe únicamente aquello para lo que está preparado.

Y esa información organizada nos produce reacciones que nos permiten una respuesta emocional o más o menos racional.

Una sola palabra, la misma, para unos puede ser una broma y para otros una gran ofensa. La palabra puede ser la misma, pero la forma de pronunciarla puede cambiar el sentido. La palabra puede ser la misma, aunque la respuesta puede ser ignorarla para unos y ponerse a la defensiva para otros.

El análisis del significado introduce mucha luz en el examen de cualquier conflicto, permite situar mucho más correctamente el potencial de escalada de lo que sucede. Cuando el significado de lo que ocurre es el mismo para todas las partes, se produce la comprensión[10].

Las palabras usadas por las partes y su recepción mutua son muy relevantes. Es así como el análisis del discurso en su coherencia y en su evolución aporta mucha información. Aunque este tema está abundantemente tratado en la ciencia, el gestor o gestora de conflictos precisa herramientas de fácil uso para detectar aquellas actitudes y posiciones que facilitan, favorecen o dificultan el avance hacia la resolución del problema.

Veamos una herramienta de análisis rápido del discurso en la página siguiente. Se trata de darse cuenta de cuál es la actitud básica que esconde lo que se está debatiendo.

La detección de las seis actitudes verbales indicadas permite, sobre todo a los comediadores u observadores, aproximarse a ver cómo se articulan los discursos.

Observemos si no hay o hay pocas fases de indagación. Lo más probable es una tendencia a la competitividad.

La aparición de sugerencias tiende a indicar una tendencia cooperativa. Muchas evaluaciones detectadas tiende a implicar que conviene ir despacio. Muchas negativas significan rechazos y tiende hacia la rotura del proceso. Mientras, las afirmaciones siembran el camino de la concordancia y el compromiso.

---

[10] Blumer, H. (1982). *El interaccionismo simbólico*, pág. 7.

ANÁLISIS BÁSICO DEL DISCURSO

1. **Afirmación y apoyo**

   Sí; claro, claro; de acuerdo, no se hable más, etc., yo hubiera hecho lo mismo en tu lugar, los amigos estamos para eso, etc.

2. **Indagación**

   ¿Por qué?, ¿quién te lo dio?, ¿tú dónde estabas?...

3. **Evaluación**

   No sé si eso te conviene; quizás valdría la pena pensarlo; habrá que controlar los riesgos; no se saben las consecuencias; etc.

4. **Sugerencia**

   Tal vez debieras...; ¿se te ha ocurrido pensar en...?; ¿que tal si hacemos...?; etc.

5. **Interpretación**

   La culpa fue de su padre; es cosa de su carácter; el motivo era que...;eso solo es capaz de hacerlo un estúpido; ya estamos en lo mismo; es un tipo perfecto; etc.

6. **Negación**

   No; de ninguna manera; *negativo*, hasta aquí podríamos llegar; hemos tocado suelo.

REDORTA, J. (2010)
Apuntes para clase sin publicar.

Reiteramos de nuevo que, si no hay o hay pocas frases de «indagación», lo más probable es que haya una tendencia a la competitividad. La aparición de «sugerencias» tiende a indicar una tendencia cooperativa. Muchas «evaluaciones» detectadas tiende a implicar que conviene ir despacio. Muchas «negaciones» significan rechazos y tiende hacia la rotura del proceso. Mientras que las «afirmaciones» siembran el camino de la concordancia y compromiso. Sin embargo, muchas «interpretaciones» indican o bien mucha seguridad en lo que se dice o bien no mucha flexibilidad mental. Un mínimo entrenamiento facilita a los observadores el uso de esta técnica.

1.7. EXAMEN DEL CONTEXTO

Cuando el conflicto empieza a emerger o cuando se pide una intervención profesional, sea el momento que sea, es conveniente echar una primera mirada al contexto. La decisión clave consiste en evaluar si el contexto social está a favor de la solución o dificulta esa misma solución. Por ejemplo, la presión de tiempo para resolver un contrato puede ayudar o no a tomar decisiones y puede que estas no sean las mejores.

Se ha tendido a llamar *mapping*, en su explosión inglesa, o «mapeo» en español, a la composición de lugar que uno se hace de quiénes son los actores en el conflicto, tanto los directos, como los que eventualmente podrían intervenir, si los medios de comunicación están o pueden estar presentes en el caso concreto, las expectativas de las partes, el nivel de compartición de valores, el rol de las normas, las relaciones de poder y los roles que se están ejecutando.

Evidentemente, también, cómo funcionan las comunicaciones entre las partes. No es lo mismo una pareja que se relaciona mucho por WhatsApp en cosas relevantes, que la misma pareja que habla con cierto nivel de normalidad, sobre todo de asuntos cotidianos.

Recordemos que:

> **Deberíamos considerar que el contexto en el que el conflicto emerge tiene siempre varios niveles que dependen de la naturaleza de lo que se discute y de la estructura social.**

Estos niveles son imprecisos generalmente, tienen aspectos críticos que pueden ser permanentes o temporales, la ambigüedad y la incertidumbre están siempre presentes y es necesario moverse por estimaciones.

La naturaleza, la gran maestra de la vida, nos ha enseñado la importancia de las condiciones climáticas para que se produzcan fenómenos como el crecimiento de las plantas, la llegada de las aves migratorias, la aparición de huracanes y muchos otros etcéteras. Es decir, estos procesos de la misma naturaleza nos han habituado a examinar el contexto en el que las cosas aparecen. De ahí que ya partimos de un cierto entrenamiento para examinar fenómenos que luego vemos más o menos reflejados de modo directo en las interacciones sociales.

El análisis del contexto siempre es personal y subjetivo y conviene saber evitar los propios sesgos conocidos. Así, una persona de tendencias depresivas o pesimista siempre puede ver el contexto como desfavorable.

Por otra parte, a medida que se sube de nivel y el contexto se mira más a largo plazo o a niveles superiores, aparecen carencias de información que solamente se pueden suplir con observaciones de las que hay que ser conscientes. Veamos algunas preguntas relevantes:

ANÁLISIS GENERAL DEL CONTEXTO

Examinemos algunas preguntas que pueden ser muy relevantes en el análisis del contexto.

- ¿Hasta qué punto podemos decir que el entorno social acepta o rechaza el conflicto?
- ¿Dónde situaríamos, en una escala del 1 al 10, el contexto social en el que se está desenvolviendo el conflicto, siendo 1 «muy autoritario» y 10 «muy flexible»?
- ¿Pueden observarse fuertes sentimientos de humillación en alguna de las partes?
- ¿Cuál es la importancia del rol que puede tener la cultura de un grupo determinado en este conflicto concreto?
- ¿Existe presión de tiempo para que el conflicto se resuelva?
- ¿Como están ejerciendo su rol los reguladores y la Administracion?
- ¿El tejido social en el que está inserto el conflicto tiende a ser de tipo individualista o más comunitario?

Redorta, J. (2019).
Sin publicar. Sobre ideas de diversos autores.

1.8. EL MARCO DEL CONFLICTO: EL GRUPO Y SU DINÁMICA

Nos unimos en grupos porque nos atraen las personas, sus actividades o sus objetivos. A veces, para conseguir objetivos que solamente se pueden conseguir si nos agrupamos. Somos animales sociales.

Un grupo tiene una estructura que permite ciertos niveles de estabilidad y también una función dinámica. En una palabra: es preciso para la convivencia que existan ciertas reglas, cierto liderazgo, ciertos roles y comunicación entre los miembros.

De entre los muchos fenómenos que suceden en todos los grupos, hay tres aspectos de especial relevancia que interesan al analista de conflictos y que se concentran en el llamado modelo FIRO[11]. Este modelo se centra en tres aspectos básicos a valorar que son la respuesta a estas preguntas:

¿Problemas en el liderato?
¿Problemas en la cohesión del grupo?
¿Problemas de afectividad entre los miembros?

Normalmente, la respuesta a estas tres preguntas orienta en gran manera al analista de conflictos para entender lo que sucede.

La energía que los individuos dedican al grupo depende de cómo el grupo satisface sus necesidades. A más satisfacción, mayor atracción. Sin embargo, en un grupo coexisten a su vez fuerzas de estabilidad y cambio.

---

[11] Este modelo lo desarrollo Schutz, W. y se puede encontrar su referencia y funcionamiento en Internet para ampliar ideas.

Solamente dos personas ya es una díada, una interacción en lo que es un grupo mínimo. A partir de aquí, la dinámica de grupos nos afecta del todo. Y, lo que es casi seguro, es que cada persona tendrá sus propios grupos de pertenencia y referencia[12], por eso la regla pasa a ser:

Cuanto más se conozca de los procesos de dinámica de grupos, mejor se sabrá gestionar un conflicto.

Para el analista de conflictos y para los gestores en general, conviene disponer de alguna herramienta que permita observar qué está sucediendo en los grupos en los que se actúa. Examinar el comportamiento individual de un grupo pequeño hasta de unas veinte personas, permite descubrir comportamientos individuales que se orientan tanto a la conciliación y por tanto a la cohesión grupal, como a que el grupo avance hacia sus metas.

La herramienta que hemos recogido de Sbandi[13] ayuda a poner orden en las actitudes que pueden observarse a partir de la función reiterativa de las distintas intervenciones de los miembros de un grupo.

[12] Los grupos son de pertenencia cuando participamos en ellos, mientras que los grupos de referencia son aquellos que tratamos de imitar o evitar, según los casos.

[13] Pío Sbandi, en su obra *Psicología de grupos, ofrece pautas suficientes para construir esta herramienta.*

FORMAS DE COMPORTAMIENTO INDIVIDUAL DE RELEVANCIA EN LA DINÁMICA DEL GRUPO

1. COMPORTAMIENTO DE REDUCCIÓN DE MIEDOS.
   El individuo exterioriza con facilidad sus sentimientos, anima, premia, da instrucciones o normas...
2. COMPORTAMIENTO DE PRODUCCIÓN DE MIEDOS.
   El individuo compite, ironiza, importuna, dramatiza, se siente desvalido, castiga, fríamente distanciado...
3. COMPORTAMIENTO DE ESTIMULACIÓN DEL GRUPO A LA META.
   El individuo asume roles de asesor, consejero, informador, conductas tenaces, animador, imparcial...
4. COMPORTAMIENTO DE FRENO DEL GRUPO HACIA LA META.
   El individuo se comporta de manera bloqueadora, reacio, evasivo, obtuso a las tensiones del grupo, jactancioso, pegajoso...
5. COMPORTAMIENTO DE APACIGUAMIENTO DEL CLIMA DE TENSIÓN.
   El individuo actúa como equilibrador, tolerante, altruista, escucha activamente, mitiga los conflictos, condescendiente, humorista...
6. COMPORTAMIENTO DE CREACIÓN DE SITUACIONES TENSAS.

7. ELINDIVIDUOACTÚACOMOPORFIADO,DESCONTENTO,SABELOTODO,CALCULADOR,PREPOTENTE,SECTARIO, PENDENCIERO...

PARÁMETROS CLAVE A OBSERVAR

¿Miedos?
¿Orientación a metas?
¿Conflictos?

SBANDI, P. (1990) en *Psicología de grupos*
resumido por REDORTA, J. (2008).

1.9. LA INFLUENCIA MUTUA EN GRUPOS

Aunque se trate de conflictos interpersonales deberíamos considerar siempre la influencia de los grupos donde están ubicados los actores. Un conocimiento mínimo de los procesos de influencia social nos ayudará a entender mejor lo que pasa.

Precisamos tanto cooperar como competir. Esta es la lección de la historia evolutiva. Las personas y los grupos compiten y cooperan. El examen de estos dos procesos se convierte en fundamental en los procesos de conflicto, como ya habíamos afirmado al hablar de la nucleación y sus dos fenómenos básicos: la normalización y la polarización.

Las personas nos influimos continuamente unas a otras en algún sentido. En la dinámica de los grupos, la influencia social pasa a tener una importancia capital. Los mecanismos de conservación (estabilidad) y cambio (innovación) se ponen en tensión y generan situaciones de conflicto.

La influencia social de unas personas sobre otras es un proceso psicosocial que rige las modificaciones de nuestras percepciones, juicios, actitudes o comportamientos. Esos cambios se producen precisamente por el conocimiento que tienen los demás al compartir o no nuestras ideas, percepciones, ver los comportamientos, etc.

De alguna manera, la influencia social se apoya siempre en la comunicación. Examinemos ahora cómo juegan la influencia y los conflictos:

Los procesos de influencia están directamente unidos con la producción y reabsorción de los conflictos por los grupos humanos[14].

¿Qué es lo importante cuando surge una divergencia? La amenaza de una norma o una respuesta diferente. Lo que nos preocupa es cómo va a reaccionar la otra parte. Preguntas como: ¿se enfadará más de lo que pensamos?, ¿tomará represalias sobre nuestros intereses?, ¿habremos roto la relación?, etc., son relevantes.

También la incertidumbre respecto de nuestra propia actitud para resistir a la otra norma o a la otra respuesta o para modificarla. ¿Seremos capaces de resistir a la presión de la otra parte? ¿Y si nuestros recursos son insuficientes para hacer frente a la situación?

Así pues, vemos que el desacuerdo tiene un efecto perturbador, que al igual que la percepción de amenaza de conflicto, genera incertidumbre.

Para que haya incertidumbre en la relación tiene que haber un conflicto previo y por lo tanto ambigüedad respecto de las conductas de cada cual. Eso es la base de la influencia social. En otras palabras, nadie está totalmente seguro de la posición de las otras partes.

Esto puede observarse de manera especial en cómo se siguen las normas de grupo (cómo se reúne, cómo se comunica, qué subgrupos se organizan, etc.). Cuando las normas empiezan a no respetarse, se hace preciso analizar si existe un fenómeno de influencia mayoritaria o minoritaria y a qué nivel se da.

---

[14] Una ampliación de estas ideas está en la obra Jesús M. Cantó *Psicología social e influencia*. Ver la referencia en la bibliografía.

Hemos citado ya antes el efecto de normalización. Es decir, el efecto que se produce como resultado de la acción del grupo mayoritario. Esencialmente se producen cuatro cuestiones básicas:

1. CONFORMIDAD. Aceptamos de buen grado lo que nos proponen.
2. CONDESCENDENCIA. Discrepamos en parte de lo que nos proponen, pero lo aceptamos.
3. IDENTIFICACION. Asumimos plenamente la propuesta y no aceptaríamos otra.
4. INTERIORIZACION. La propuesta está totalmente integrada en nuestros valores.

Por otro lado, el grupo minoritario, el que promueve el cambio y la innovación, influye de la siguiente manera:

1. GENERANDO INCERTIDUMBRE. Cuestiona nuestros planteamientos previos.
2. AJUSTANDO LA CONDUCTA. Nos obliga a ajustar nuestra conducta al resto del grupo mayoritario.
3. OBTENIENDO FENÓMENOS DE CONVERSIÓN. Algunas personas del grupo mayoritario, se pasan ahora al grupo minoritario. Para que la influencia gane en eficacia deben darse algunas condiciones, las principales son estas:
   a) A menos estructuracion del estímulo u objeto, mayor será la influencia. Cuando los mensajes son ambiguos, más gente se siente interpelada por el mensaje. Así, «buscamos un futuro mejor» es una frase que tendrá mayor acogida que «la economía crecerá un 3 %», frase que es mucho más limitativa y específica.

b) La influencia será mucho mayor cuando esté en juego un estímulo social complejo. o en un juicio de valor cuando se trate de un estímulo material simple. o también en un juicio de hecho. «Esto atenta contra nuestros valores fundamentales» o bien, «lo que es indiscutible es que 2000 empleados van a ser despedidos» son expresiones que impactan más sobre los grupos cuando la tensión se ha incrementado.

c) El incremento de inseguridad que sienta una persona en lo referente a sus juicios y opiniones aumentará la posibilidad de ser influida. Hay momentos y circunstancias en los que las personas no nos sentimos suficientemente seguras de nuestras opiniones respecto a algo, está situación de duda aumenta las posibilidades de ser influida por los demás o el grupo.

d) Cuanto menos segura se sienta una persona de sus aptitudes sensoriales e intelectuales, más dispuesta estará a aceptar la influencia de alguien al que atribuya capacidades sensoriales e intelectuales superiores. Hay personas que nos merecen más respeto o autoridad en materias dadas. También hay personas que pueden entrar en entornos que les hagan dudar de sus propias aptitudes personales. Esta comparación origina una brecha para que la persona reciba influencia de quién ha considerado superior en algún aspecto a sí mismo. Así una opinión de médico respecto de una enfermedad tendrá más influencia que la persona sin formación en medicina...

e) En una situación que las dos partes se sienten seguras de sus juicios y opiniones, la influencia social no tiene lugar, no puede intervenir en forma alguna, porque no hay incertidumbre que reducir. Frente a dos personas que no quieren cambiar nada en sus juicios porque les parecen suficientemente correctos, la influencia no es posible por falta de ambigüedad y territorio común para que la misma se produzca. Cuando un grupo, un subgrupo o un individuo están totalmente seguros de algo, no cabe utilizar la influencia para inducirlos a modificar sus opiniones o juicios.

f) Cuando no hay ambigüedad en el estímulo o cuando no es posible referirse a un criterio objetivo no puede haber influencia. La influencia entre personas se basa en lo opinable y, por tanto, en lo no seguro. En algún nivel de incertidumbre, la reducción de la incertidumbre es lo que justifica la influencia social.

Teniendo pues en cuenta los importantes efectos que tiene la influencia social y que la capacidad de introducir cambios de opiniones en los grupos viene regida por reglas que ya hemos detallado, nos conviene ahora examinar con mayor interés qué es lo que ocurre en un proceso de polarización. Estamos pues en una situación en la que el grupo está tensionado con posiciones enfrentadas.

Lo importante de la polarización es que afecta a la cohesión del grupo. Aquello que es importante en la divergencia es que el incumplimiento de la norma grupal se vive como una amenaza y se eleva la tensión, dado que se ha generado una situación nueva e incierta.

Las dudas sobre la capacidad para soportar esta nueva situación aumentan el nivel de incertidumbre. Así se genera un efecto en el conflicto de intensidad diversa que tiene un efecto perturbador en el grupo. La situación de incertidumbre creada aumenta la comunicación entre los miembros y los niveles de influencia mutua, en un intento para resolver el problema. Así pues:

Cuando dos partes están absolutamente seguras de sus planteamientos, la influencia social se hace imposible, de ahí el rol de la incertidumbre. Generar incertidumbre muchas veces se convierte en una estrategia útil de intervención porque al generar dudas, aumenta la influencia mutua entre las partes en conflicto.

Fue Serge Moscovici[15], un reconocido psicólogo social, quien en 1981 estudió a fondo en su obra *Psicología de las minorías activas* lo que sucede en un grupo cualquiera con los fenómenos de influencia. Afirmó, en primer término, que:

En un grupo, la influencia social está desigualmente repartida y se ejerce de modo unilateral[16].

En otras palabras, todos ejercemos un cierto grado de influencia sobre el grupo y al mismo tiempo somos influi-

---

[15] Moscovici, S. en su obra *Psicología de las minorías activas* reflexiona y establece de forma muy detallada el rol de las minorías en los grupos y en la sociedad.

[16] En la página 33 es la primera proposición de la obra ya citada de Moscovici.

dos por él y lo hacemos voluntariamente, o inconscientemente.

La asimetría en el grupo ahora dividido entre mayoría y minoría genera un conflicto entre:

> UNA PARTE ACTIVA (abierta al cambio) y
> UNA PARTE PASIVA (sometida al cambio).

Estamos ante intereses contrapuestos. La situación que se plantea es que el derecho de uno a no cambiar es obligación para el otro y viceversa.

Como sea que la influencia es asimétrica (va de quien o quienes desean influir hacia quien o quienes se pretende que queden influidos) se producen determinadas consecuencias:

¿Cuáles son las opciones del minoritario en una situación de tensión en la que debe elegir? Esta pregunta es muy pertinente y responde a situaciones de la práctica social.

En esta situación planteada, al minoritario solo le cabe la «desviación del grupo» y cierto nivel de sometimiento o la «independencia» que significa la rotura de la cohesión y que el grupo se rompa.

EL JUEGO DE MAYORÍAS Y MINORÍAS EN EL GRUPO

La mayoría goza del prestigio de la verdad y la norma. Por tanto, expresa el sistema social en su conjunto. La mayoría siente que son más los que se identifican con esta posición.

Si esto es así, se considera que la minoría debe estar equivocada. El punto de vista diferente se vive como erróneo, alejado de la norma general.

Ahora, las opiniones más corrientes y menos extremas de la mayoría tienen un valor positivo y, por tanto, poseen un peso psicológico mayor en el grupo.

Al revés, las menos corrientes y más extremas tienen valor negativo, y en consecuencia un peso psicológico menor también en el grupo.

Sucede entonces un fenómeno: un individuo obligado a elegir entre dos series de opiniones, una atribuida a la mayoría o a un líder y otra a un desviante o a un individuo no especificado optará espontáneamente por la primera.

Elaboración de Redorta, J. (2004)
sobre ideas de Moscovici, S.

Visto lo anterior, la no conformidad al grupo es una rebeldía: una protesta. No es una actitud que lleva a modificar relaciones. Simplemente, en una primera etapa se alejan las expectativas de cada parte.

Pero cuando la cohesión grupal está en peligro en las fases agudas del proceso de polarización, el analista puede observar estos procesos:

1. La polarización afecta a todos y, por tanto, todo el mundo está implicado de alguna manera.
2. Se observa que van desapareciendo las actitudes cooperativas y los grupos en conflicto se preparan para competir y enfrentarse.
3. Los estereotipos y prejuicios aumentan su poder. Ahora, los que eran «malos» pasan a ser «malísimos».
4. La comunicación entre las partes enfrentadas se reduce, se distorsiona y se torna más agresiva.
5. Se destaca particularmente algún valor negativo en el otro grupo.
6. Cada subgrupo tiende a reforzarse a sí mismo y a atribuir la responsabilidad al otro grupo. El fenómeno de que toda la culpa es de los demás, puede verse en todo su esplendor.

Cómo siempre nos estamos influyendo mutuamente, conviene mucho tener presentes estas ideas ya que tratan de clarificar procesos que son conocidos pero poco aplicados y que pueden resultar de alto interés tanto para el analista, como para la persona gestora de conflictos concretos.

1.10. LOS MARCOS MENTALES: CREENCIAS Y VALORES

Cada vez se habla más de los marcos mentales. Un marco no deja de ser un sistema de conceptos relacionados entre sí, de forma que para entender uno de ellos debe entenderse la estructura completa en la que se inserta. Eso depende del contexto cultural de los hablantes. Así «una aspirina» puede tener significado en el marco de los «medicamentos» y «enfermedades». Pero una persona que no conozca la pastilla «aspirina» puede acercarse al concepto de forma aproximada a través de la idea de «medicamentos» y establecer otras metáforas tipo «cosas que sirven para curar una enfermedad».

Todos tenemos nuestros marcos mentales que se nos muestran a través de creencias y valores, también actitudes y otras prácticas sociales. Esta realidad está presente en toda persona y se muestra en toda interacción social.

Las creencias se implantan en nuestra mente de diversas formas. Así la familia, la escuela, los medios de comunicación y los grupos sociales de referencia nos transmiten ideas que se van consolidando a través de procesos sociales. Entonces, llega un momento en que tenemos la seguridad de que el planeta Tierra es redondo, que el fuego quema, que hay personas que no son confiables, que Dios existe o no existe, que hay vida en el más allá, etc.

Las creencias se organizan en la mente en dos grandes grupos:

a) El conjunto de cosas o ideas en las que yo creo con convencimiento más o menos pleno.

b) El conjunto de cosas o ideas en las que no creo con el mismo nivel de convencimiento.

La característica es que estas «descreencias» también son creencias: creo que no me lo creo.

En estos dos grandes grupos se organizan y se autorrelacionan las creencias de diversos tipos, se apoyan y refuerzan entre sí y lo mismo ocurre con las descreencias. Es así que mi creencia en el bienestar general tiene que ver con el partido político al que apoyo, que mi incredulidad ante la magia me hace desconfiar de la alquimia, etc.

La segunda idea de alto interés es que las creencias se organizan en la mente de manera jerarquizada. La mente exige prioridades y la organización cerebral que se encarga de la toma de decisiones precisa conocer qué caminos seguir en caso de alternativas en conflicto interno.

Las creencias tienden a agruparse hacia un grupo central dominante que forma nuestra manera de pensar en general.

Cabe recordar:

En el extremo, cuando las creencias tienen una connotación moral capaz de regir nuestras vidas, les llamamos valores.

Lo que nos importa de las creencias y los valores es que como rigen la toma de decisiones, se convierten en una forma de dar coherencia a las conductas. Es decir, permiten cierto valor predictivo de cómo actuaran las partes.

La ciencia ha establecido básicamente las siguientes vías de adquisición de valores:

1. La autoridad. Mi padre pensaba así y yo lo veo igual. El maestro me lo enseñó. El sacerdote siempre insistía en ello. Lo dijo Gandhi, etc.

2. El pensamiento deductivo. Si cae una manzana al suelo debe haber una ley que lo explique, como parece que Newton pensó para encontrar después la ley de la gravedad.
3. La experiencia. Mi viaje al África me mostró que la desigualdad es un grave problema. Comprendí la importancia de la salud cuando vi a aquel joven en silla de ruedas.
4. La emoción. El amor cambió mi vida. La muerte de mi hermana me hizo cambiar mi estilo de vida. Viví intensamente el nacimiento de mi hija y cambié mi actitud orientada hasta entonces prioritariamente a lo profesional.
5. La ciencia. La física cuántica me ha demostrado cuan defectuosa es nuestra percepción de la realidad. La genética me ha puesto de manifiesto que se puede saber quién es hijo de quién. La antropología me demuestra que otras sociedades viven las relaciones de familia de distinta manera.
6. La intuición. Los animales tienen algún tipo de sentido que no conocemos. Hay personas que adivinan cosas y eso debe de ser por algún motivo ignorado hasta ahora. Las personas siempre seremos seres incomprensibles dada la condición humana.

Los valores tienen la característica de que sostienen niveles de estabilidad que nos permiten vivir la vida de manera más cómoda, porque rigen nuestra actuación. Algunos se llaman valores terminales porque se refieren a nuestros objetivos vitales. Por ejemplo, la felicidad, la igualdad, la autorrealización, el placer y un etcétera no muy largo. Otros valores cumplen funciones instrumentales y sirven para alcanzar fines.

En 1935 el psicólogo alemán Eduard Spranger clasificó en seis orientaciones fundamentales a las personas, en función de unos pocos valores centrales dominantes, son estos:

1. Personas orientadas al mundo de las ideas. Son idealistas, especulativas, buscan coherencia desde el pensamiento abstracto. A veces opinamos de ellos que «no son realistas» o bien «que están en otro mundo».
2. Personas orientadas al dinero. Su objetivo en la vida es ganar y tener dinero por encima de todo. Son prácticas y negociantes. Ahorradoras y siempre pendientes de las oportunidades.
3. Personas orientadas a ejercer el poder. Les encanta mandar y dirigir. Hacen todo lo posible para estar en sitios de prestigio y poder. Ser obedecidas e influir forman parte de su día a día.
4. Personas orientadas a la espiritualidad. Su objetivo es alcanzar la perfección a través de su dios. Su vida interior es muy rica y tienden a ser austeras con las cosas materiales de la existencia.
5. Personas orientadas a las artes. Son creativas de diverso signo. La libertad es su lema central. La belleza su objetivo.
6. Personas orientadas a los otros. Se realizan atendiendo a las necesidades de los otros. Es gente amable y dispuesta a ayudar siempre. El bien de la humanidad es su objetivo fundamental.

Los valores significan lo que da sentido a nuestra existencia, el filtro de acuerdo con el cual tomamos decisiones. La generación de conductas que encajan con nuestra manera de pensar. La toma de decisiones y la resolución de conflictos se hace a partir de los valores finales o instrumentales que tenemos integrados. Algunas veces no somos suficientemente conscientes de ello.

La función de los valores es adaptativa para el entorno social y permite la defensa del ego propio perfilando nuestra personalidad.

Por otra parte, las actitudes y las necesidades básicas de las personas están conectadas con los valores. De ahí cabe extraer la conclusión de que la identificación de los valores que soportan los intereses de cada parte en conflicto es altamente relevante para las personas gestoras y analistas en general.

Si el conflicto sobre el que conviene intervenir es un conflicto puro de valores fundamentales: derecho o no a abortar, igualdad de trato en contextos concretos, una u otra religión, derecho a la vida y pena de muerte, etc., el conflicto requiere ser abordado desde grandes estrategias de pedagogía social.

La razón de eso es que en la medida en que los valores de las partes están plenamente enraizados y al mismo tiempo se trata de construcciones sociales, hay que alcanzar consensos mínimos. Por tanto, es preciso deconstruir los aspectos más confrontados para poder encontrar elementos comunes.

Cabe pues sintetizar que la estructura de los marcos mentales está sujetada por las creencias y valores que sostenemos y la misma se expresa a través del lenguaje.

He aquí una bonita expresión poética del poder de las creencias que se atribuye a Gandhi[17] y que expresa de ma-

---

[17] Extraído de la obra de Bruce H. Lipton: *La biología de la creencia*, pág. 195.

nera muy clara la capacidad de nuestras creencias para dirigir nuestra vida:

> Las creencias se convierten en tus pensamientos
> los pensamientos se convierten en tus palabras,
> las palabras se convierten en tus actos
> tus actos se convierten en tus hábitos,
> tus hábitos se convierten en tus valores,
> tus valores se convierten en tu destino.

Las creencias y los valores configuran nuestros marcos mentales. Cuando los marcos mentales son poco compartidos, las dificultades de gestión de un conflicto aumentan.

Opina Lipton que:

> El subconsciente es uno de los procesadores de información más poderosos que se conocen, examina con detenimiento el mundo que nos rodea, percibe las condiciones del entorno y reacciona de forma inmediata seleccionando un comportamiento adquirido [aprendido] y todo sin la ayuda, la supervisión siquiera, de la mente consciente.[18]

---

[18] Obra citada, pág. 227.

VALORES: PREGUNTAS CLAVE

Preguntas-clave para el gestor del conflicto:

1. ¿A través de la exploración de la historia puede más o menos identificar la fuente de donde surgen los valores detectados?
2. A través del discurso y de los intereses mostrados, ¿es usted capaz de identificar la principal orientación de la persona?
3. ¿Tiene usted capacidad para verificar de alguna forma la centralidad de la orientación detectada?
4. ¿Puede usted sintonizar «la onda» de sus interlocutores?
5. ¿Cuál es la compatibilidad entre las orientaciones de valor de las partes?

REDORTA, J. (2019).
A partir de ideas de Spranger, E.

SEGUNDA PARTE

CUANDO EL CONFLICTO VA A MÁS

2.1. LA ESCALADA: UN PROCESO COMPETITIVO CON EL PODER SIEMPRE PRESENTE

Consideremos los indicadores de la escalada de cualquier conflicto. Los fenómenos que se dan son los siguientes:

a) Las tácticas tienden a volverse cada vez más duras. El tono de voz se alza, aparecen amenazas verbales, actitudes cada vez más impulsivas y despectivas, etc.

b) Los problemas iniciales tienden a aumentar. Antes nos quejábamos por algo concreto, pero ahora los motivos de queja aumentan.

c) Se pasa a la fase de ataques personales. Ya no importan tanto los problemas, como el comportamiento de las personas. Aparecen insultos, descalificaciones graves, etc.

d) La motivación es más egoísta. Puede que yo no me salga con la mía, pero es muy importante que el otro o los otros no se salgan con la suya.

Lo que estamos describiendo es un claro proceso cada vez más competitivo y debajo del mismo aparecen las relaciones de poder. En cualquier interacción las relaciones de poder están siempre presentes.

Nadie que intervenga de algún modo en un conflicto, le afecte o no, debería ignorar las múltiples formas en las que el poder se manifiesta. Muchas veces se trata de mecanismos muy sutiles, otras veces aparece de forma más evidente.

Aunque tiene de todo un poco, el poder no es ni la autoridad, ni la fuerza, ni el control, ni el estatus, la jerarquía o el liderazgo. De ahí muchas de las dificultades para su comprensión.

Recordemos que los procesos de interacción social más básicos son la competición y la cooperación. Competir es buscar los propios objetivos sin considerar suficientemente los de los demás. El resultado es que yo he conseguido «lo mío».

Cooperar es buscar los propios objetivos en el marco de una interacción colectiva. Nosotros conseguimos «lo nuestro». Ambos procesos están insertados en la vida. Las plantas, los animales, etc., compiten y cooperan en distintas situaciones.

La escalada de un conflicto es un proceso en el que las partes luchan de alguna manera para conseguir sus objetivos incrementando la intensidad del conflicto y las presiones coercitivas. Este proceso de competitividad está fundamentado en las relaciones de poder, que como hemos visto pueden ser ejercidas por las partes en conflicto de modos muy diversos.

En las fases de inicio de la escalada de un conflicto emergente, existen más opciones de gestión de este. A medida que la escalada se hace más intensa, se requiere el uso de mayores recursos por todas las partes. Vencer, doblegar, hacer retroceder a la otra parte, triunfar, etc., son algunos de los verbos que configuran esta parte del proceso de conflicto.

El máximo proceso de escalada de un conflicto es una guerra abierta. Puede o no ser militar, pero las partes se reconocen como enemigas.

Se hace interesante observar el proceso que se produce a medida que la escalada aumenta. En una situación normal, el otro tiene un conjunto de atributos que pueden ser definidos por múltiples actitudes.

Así en una situación normalizada el otro o los otros pueden ser definidos por muchos pares de adjetivos que identifican la persona o grupo: socio/no socio; familiar/

extraño; amigo/enemigo; padre/hijo; profesional/aficionado, etc., y así encontraríamos multitud de aspectos personales o de la relación que podemos ver claramente.

Sin embargo, a medida que la escalada aumenta todo este conjunto de relaciones y atribuciones pasan a un segundo plano, de tal manera que la relación se configura en términos de poder. La situación es extrema: o estás conmigo o estás contra mí.

En la situación de máxima competitividad las partes deciden sus opciones a favor de un solo parámetro amigo/enemigo. Al enemigo se le dispara y se le mata. La cooperación tiende a ser cero. En las situaciones de máxima intensidad competitiva la lucha es «a muerte».

Cabe recordar que todo conflicto involucra de alguna forma a más de una persona. Sus efectos se trasmiten al grupo de pertenencia. También los grupos se enfrentan entre sí en el seno de las organizaciones o la sociedad.

La dinámica de grupos estudia las relaciones entre los distintos participantes en un grupo y las relaciones intergrupales. En todo grupo hay relaciones de influencia mutua continuas. Estamos ante algo vivo. La influencia se ejerce hacia dentro y hacia afuera del propio grupo.

2.2. RECURSOS FUNDAMENTALES EN LA FASE DE ESCALADA DEL CONFLICTO

La fase de escalada, que ya describimos, requiere una importante suma de esfuerzos por parte del gestor del conflicto. Detallamos a continuación algunos de los aspectos que requieren especial atención.

Hay que tener en cuenta que los aspectos relacionados con la interacción entre sujetos y objetos, es decir, entre personas y problemas, se da continuamente, con un claro desplazamiento de los problemas a las personas que participan en los mismos y con una tendencia a la agudización y extensión del conflicto.

Los conflictos en fase muy aguda son enfrentamientos personales o de grupos donde lo único importante es ganar o hundir a la otra parte.

2.2.1. La gestión de la comunicación

Como resultado del proceso de escalada la confianza entre las partes se va deteriorando y la comunicación se vuelve cada vez más difícil. Negar la palabra es un caso extremo, pero más usual de lo que parece en conflictos agudos. La comunicación queda afectada y las malinterpretaciones se suceden. Empiezan a verse intenciones torcidas de una parte respecto a la otra, los prejuicios se exageran, los rumores tienden a aparecer y el conflicto se alimenta con comunicación tendenciosa. En esta fase el rol de quien gestione el conflicto es muy importante para verificar datos, contrastar opiniones discordantes y rebajar tensión emocional.

Si el conflicto afecta de algún modo al ámbito público, aparecen los medios de comunicación y su rol pasa a ser muy importante, en cuanto que condiciona las decisiones de las partes y prefigura un marco mental muchas veces a base de repetir ideas que van calando entre los contendientes. Es pues conveniente examinar esta función comunicativa.

Además de las partes participantes en uno u otro nivel, se ha venido debatiendo cual es o deba ser el rol de todos los medios de comunicación en un conflicto. Una revisión de este tema de tipo general se efectúo en el año 2009 por Eytan Gilboa, profesor israelí en Harvard[19], que nos aporta importantes luces sobre esta cuestión.

Su primera afirmación es que este asunto ha tenido un gran crecimiento en la investigación en los últimos quince años desde el inicio de sus trabajos. Lo que es lo mismo que decir en los últimos veinticinco años, porque esta tendencia no ha cambiado.

La mayor parte de los estudios de investigación se han centrado en los conflictos internacionales. Pero qué duda cabe que cualquier conflicto —del tipo que sea— cuando entra en la esfera de lo público, lo hace a través de los medios de comunicación. Nótese que las circunstancias pueden ser muy similares desde el punto de vista de la función de los medios en toda clase de conflictos[20].

Si dividimos cualquier conflicto en tres fases: preconflicto, fase de madurez del conflicto y posconflicto, esto supone un buen inicio para la comprensión de lo que sucede.

---

[19] Gilboa, E. «Media and Conflict Resolution». En *The Sage Handbook of Conflict Resolution*, es un trabajo de referencia para el análisis del rol de los medios en el conflicto en general.

[20] Para un conocimiento detallado de un caso concreto ver la obra *El director* de David Jiménez, exdirector del diario *El Mundo* en España.

Cualquier situación de conflicto latente o emergente puede ser fuertemente estimulada por cualquier tipo de medio de comunicación, reservando la principal influencia a la televisión, la prensa e Internet. La propiedad de los medios no es neutral en la mayoría de los casos y su rol puede apaciguar o estimular un conflicto.

Afirma Gilboa en su análisis que:

> Tanto los académicos como los practicantes han usado muchos términos, conceptos, aproximaciones, teorías y modelos para describir y analizar los efectos de los modernos medios de comunicación en resolución de conflictos. Muchos de los términos y aproximaciones utilizadas son altamente vagos o incluso confusos. Un popular ejemplo es la conocida expresión «construcción de paz» que es demasiado general e imprecisa.[21]

Su reflexión conduce a que existe poca investigación que relacione la comunicación de masas con el marco de la resolución de conflictos. En la época de Twiter, WhatsApp y los robots de información en Internet, no tenemos la menor duda de que esto merece fuertes esfuerzos en las materias a investigar.

El principal efecto de los medios sobre los procesos de construcción de acuerdos y negociación, y en definitiva sobre resolución de conflictos, es que la información sesgada o intencionada afecta a la confianza entre las partes.

En la fase de posconflicto, un programa que estimule los esfuerzos de reconciliación puede ayudar de manera importante a la pacificación, y no hablamos solamente de conflictos armados, sino también de cualquier conflicto público. La distinción entre información, opinión y asen-

---

[21] Gilboa, E., obra citada en pág. 456.

tamiento de las ideas en la cultura pasa a tener, como siempre, un rol relevante.

Desde el punto de vista de la persona que gestiona el conflicto, cabe recordar:

Los medios de comunicación deben ser tratados como un actor más del conflicto y, por tanto, debería establecerse una estrategia clara en relación con los mismos.

Solo hay que recordar una vez más, la importancia de los medios en los sesgos informativos y en la construcción de marcos mentales. Por tanto, en la extensión o reducción de los conflictos.

2.2.2. La construcción de la agenda: intereses, derechos, poder

Una de las decisiones siempre relevantes que hay que adoptar, sea cual sea el tipo de conflicto al que nos enfrentemos es la construcción de la agenda. Es decir, poner bajo un orden los aspectos que deben ser necesariamente abordados por las partes.

El primer consejo tiene que ver con la oportunidad de la agenda. Mientras la situación emocional no haya sido convenientemente controlada, puede no ser adecuado plantear el fondo del asunto.

La segunda decisión respecto a qué temas deben afrontarse debería apoyarse si es posible primero y, sobre todo, en el acuerdo entre las partes respecto de este punto. A veces es conveniente empezar por lo más fácil. Otras veces, se prefiere abordar de entrada el aspecto central del debate, con el fin de evaluar si las expectativas de solución son o no realistas.

La agenda deberá reflejar los intereses de las partes, pero a partir de aquí conviene también efectuar una evaluación interna de cómo juegan los derechos de cada parte y no solamente desde el punto de vista jurídico, sino en perspectiva de equidad y con fundamento en la reciprocidad de las futuras transacciones.

El gestor de conflictos tiene una muy buena ocasión para ir evaluando cómo están las relaciones de poder entre las partes y visualizar los niveles de competitividad o posible cooperación que los contendientes ofrecen.

Es preciso tener en cuenta que cuando las partes están de acuerdo en elaborar una agenda de temas a tratar. Esto es un principio de cooperación, al menos de forma instrumental.

Conviene aprovechar la ocasión para explorar un poco, si es posible, los motivos para establecer un orden determinado. A veces existen sorpresas y lo que una parte pensaba que era muy relevante para la otra, resulta que no es así.

2.2.3. La gestión del reconocimiento

¿Qué es lo que sucede cuando alguien nos dice que tiene la razón? ¿Qué está pidiendo en realidad? Lo que está pidiendo no es otra cosa que reconocimiento, que admitamos algo concreto y específico ya sea sobre su persona, su actuación o sobre hechos.

La palabra «reconocimiento» se usa en varios sentidos como reconocimiento médico, reconocimiento facial, reconocimiento social, etc. Se trata de un concepto transversal a muchas disciplinas, desde la geografía a la inteligencia artificial, por poner un ejemplo. Tan importante es el reconocimiento que desde la filosofía y otras áreas del conocimiento se habla de «lucha por el reconocimiento»[22].

El verbo «reconocer» tiene diversas acepciones como puedan ser distinguir a alguien o algo por sus características, examinar algo con mucho detenimiento, aceptar un nuevo estado o gobierno como legítimo, admitir como cierto algo que podía estar en discusión previamente, aceptar responsabilidades en algo, etc.; lo seguro es que la acción de reconocer produce el reconocimiento y este es muy relevante en cualquier situación conflictiva.

En el campo de la conflictología las situaciones más comunes se refieren a:

1. Que las partes, una o todas, admitan como ciertos algunos detalles concretos referidos a los temas en disputa, a las relaciones interpersonales o bien al proceso previo que ha conducido a la situación presente.
2. Que el acto de reconocer implique dar valor al otro, a sus puntos de vista o a su forma de actuar.

El reconocimiento está muy vinculado a la gestión legítima de los intereses de las partes, al respeto entre los participantes, a la autoestima personal, de ahí que su manejo sea siempre una cuestión delicada para un tercero.

---

[22] La obra más citada sobre el reconocimiento es la de Honneth, A. *La lucha por el reconocimiento.*

El diálogo, sobre todo si es dirigido por alguien, requiere unas reglas que no deben olvidarse:

a) A todos nos gusta un elogio sincero en cualquier aspecto de la vida.
b) Los ataques personales tienen por función desvalorizar al otro u otros, al aumentarse la falta de reconocimiento el proceso de solución se dificulta.
c) La tendencia a «tener razón» y a cualificar al otro de «persona que está equivocada» es universal. Se vincula a la defensa de la autoestima propia.
d) Las personas más seguras de sí mismas y con mayor autoestima tienden a adoptar posturas menos defensivas respecto de la legitimidad de sus intereses.
e) El gestor de conflictos debe ser muy delicado al otorgar a las partes reconocimiento. Se reservará la oportunidad de otorgarlo en último lugar —siempre que se pueda— y por cuestiones ya admitidas por las partes en conflicto.
f) Conviene reforzar cualquier gesto entre las partes que signifique reconocimiento por nimio que parezca: ofrecer un bolígrafo al otro, una silla, una bebida; admitir circunstancias comunes, aunque sean ajenas al conflicto actual, etc.

Cualquier diálogo, en sí mismo, supone ya reconocer al otro como sujeto merecedor de atención y respeto. El reconocimiento concentra la atención en la persona en el problema y, en consecuencia, permite a las partes hablar el mismo idioma, negociar el significado de los aspectos confrontados de la relación y los intereses en juego.

El reconocimiento tiene tres formas básicas de expresarse: el afecto y todo lo incluido en el amplio campo del amor; los derechos y las obligaciones que conlleven entendidas como normas a respetar; también la solidaridad entendida como comunidad de valores sociales a compartir en el nivel que fuere.

Desde el punto de vista del analista de un conflicto debe prestarse especial atención a las situaciones inversas de estos tres aspectos: amor, derechos y solidaridad[23]. La herramienta que vamos a ver a continuación trata estos tres aspectos de manera que pueda utilizarse como vía de reflexión al abordar cuestiones vinculadas al reconocimiento.

No deberíamos olvidar que las necesidades de reconocimiento están en la parte más alta de la pirámide de necesidades humanas como bien explicó Maslow[24] en sus celebradas reflexiones sobre las aspiraciones de las personas.

---

[23] Este es el esquema central de las ideas de Honneth, A. ya citado.

[24] Maslow, A. estableció una pirámide de necesidades humanas que ha sido muy asumida en las ciencias sociales y que va de las necesidades fisiológicas a la autorrealización.

ASPECTOS CRÍTICOS RELACIONADOS CON EL RECONOCIMIENTO: PREGUNTAS RELEVANTES

- ¿Se aprecian muestras de menosprecio?
- ¿Cuáles son los motivos?
- ¿Se pueden objetivar?
- ¿Alguien ha sido relegado en alguna función?
- ¿Cuál o cuáles son las fuentes del menosprecio observado?
- ¿Alguien ha sido desposeído de algún cargo o derecho consolidado?
- ¿Alguien no ha sido admitido en algún grupo?
- ¿Se pueden conocer los motivos?
- ¿Se aprecia deshonra pública?
- ¿Algún ataque en medios de comunicación?
- ¿Existen negativas a dar algún reconocimiento específico?

2.2.4. La gestión de las expectativas

Nuestras expectativas tienen que ver con la orientación al futuro. Con aquello que se desea que suceda como consecuencia de nuestro pasado y presente. De alguna manera, anticipamos posibilidades y probabilidades en un marco de incertidumbre. Yo espero aprobar un examen, pero no sé si lo aprobaré y paso a evaluar lo que puede suceder: cuánto he estudiado el tema, cómo es el profesor, qué estado de ánimo tendré, etc. En pocas palabras, la inseguridad sobre el futuro afecta a mis expectativas.

Todo conflicto contiene expectativas de las partes que pueden ser cambiantes en función de cómo vaya evolucionando el mismo. Gestionar estas expectativas de manera adecuada es una labor primordial y también muy delicada.

Normalmente, cuando se concretan los hechos objeto de disputa es cuando puede empezarse a examinar este aspecto. Yo pido 1000 euros a la otra parte porque creo que es lo que se me debe. Nosotros no estamos dispuestos a pagar más de 100 euros dada esta u otra circunstancia. A partir de aquí empieza a operar lo que en psicología social se llama «el sesgo actor/observador». El tercero se hace una composición de lugar normalmente distinta de la que se hacen las partes y valora el nivel de realismo de las pretensiones de aquellas.

En esta situación, típicamente en una mediación, se recurre a evaluar de manera individual la solidez de las pretensiones de cada parte a través de sesiones privadas y confidenciales. Se trata también de examinar el nivel de compatibilidad de los objetivos de cada cual y comprender mejor la dinámica del conflicto.

En el ejercicio de inducir al realismo a las partes es muy relevante el «cómo hacerlo». En todos los ámbitos de la vida esto es relevante: cómo dar una mala noticia, cómo denegar una petición, cómo decirle a alguien que no está cumpliendo con su deber.

La dificultad particular en el ámbito de la conflictología es que no es fácil evitar la frustración que se produce cuando las expectativas se rompen. Esto puede conducir a la escalada del conflicto porque existe una clara conexión entre la rotura de las expectativas y la frustración que esto produce en general, incluso con agresividad posterior.

La gestión de las expectativas acostumbra a estar vinculada al examen de los roles que las partes ejecutan o han ejecutado. También a las pretensiones de fondo entre los contendientes.

El rol de padre, madre, proveedor, autoridad, etc., cualquier rol conlleva expectativas. Ejemplos los hay abundantes: estaba a la hora indicada y no me han atendido (era su obligación). He ido a cobrar el día adecuado y me han dicho que no me pagan (rotura del rol de deudor). He dado una indicación de trabajo y no se ha cumplido (me frustra que siempre pase), son algunas de las ilustraciones de esta situación.

Manejar bien las situaciones frustrantes que aparecen supone examinar tres aspectos:

1. Los aspectos vinculados a las personas implicadas. Los mismos hechos producen reacciones distintas en unas personas u otras. La capacidad de adaptación a la situación frustrante es variable. Unos pueden requerir más tiempo que otros para asumir la nueva situación, otros precisan más información, los hay cuyos procesos mentales son de asimilación muy rápida, personas muy impulsivas, etc.

2. El análisis del obstáculo que produce la rotura de la expectativa. ¿Acaso aparece una situación de insolvencia no esperada?, ¿la pareja había hecho promesas que no quiere cumplir?, ¿me deniegan el ascenso al que creía tener derecho? Y así múltiples preguntas que pueden formularse respecto del caso concreto.
3. Las metas de cada parte vinculadas a las intenciones de futuro. Son preguntas que se deben formular para evaluar las consecuencias que produce el obstáculo en el proceso.

PONDERACIÓN DE EXPECTATIVAS

Expectativa	1	2	3	4	5
Que alguien se disculpe					
Que haya una compensación económica					
Terminar el problema					
Ahorrar tiempo					
Mantener las buenas relaciones					
Sostener que «tenía razón»					
Reciprocidad en los intercambios					
Mantener la autoestima					
Hundir al adversario					
Que se reponga algo					
Que se cambie una conducta					
Evitar costes de litigio					
No sentar un precedente					
Evitar un castigo					
Defender valores de equidad y justicia					

Ponderación de expectativas. Fuente: SKAILEU, A.C. (1996) en *Para que la sangre no llegue al río* con adaptaciones de Redorta, J. (2004).

2.2.5. La gestión de las emociones

Enunciamos ya desde el principio la regla general:

> **Si la tensión emocional es alta, rebajarla antes de entrar en el tema objeto de conflicto. Las personas, antes que el problema.**

Podemos afirmar que actualmente se sabe bastante sobre las cuestiones emocionales y, aunque no sea todo definitivo, sí podemos establecer algunas pautas que acostumbran a estar presentes en todos los procesos en los que se intenta resolver o ayudar a resolver un conflicto.

Debido al proceso de socialización hemos aprendido bien a distinguir algunas emociones que son muy relevantes en el proceso de solución de la situación conflictiva. La primera de ellas acostumbra a ser el MIEDO.

El miedo adopta muchas formas y nombres distintos: intranquilidad, ansiedad, temor, pánico, aversión al riesgo, etc. Estas distintas formas que adopta el miedo están muy presentes en el proceso. Para el gestor del conflicto la pregunta siempre es: MIEDO A QUÉ, es decir, con qué se verbaliza ese miedo, a veces puede estar muy justificado: tengo miedo a no poder pagar la nómina a mis trabajadores; o bien, tengo miedo a que no me reconozcan mi derecho a ver a los hijos en los procesos de separación y divorcio, a modo ilustrativo.

La reacción que se deriva de la emoción de algún miedo tanto en las personas como en los animales siempre es ataque, defensa o bloqueo. Ninguna de estas tres cosas nos sirve para avanzar hacia la solución. El miedo convertido en defensa se traduce en agresividad verbal, actitudes de desprecio, etc. Mientras, si ese miedo adopta una actitud defensiva van a aparecer todos los obstáculos del mundo ante cada nueva propuesta. El bloqueo puede producir situaciones largas de *impasse* en la negociación, en consecuencia, también es un problema.

La fórmula para tratar esta emoción es:

1. Tratar de identificar la causa del miedo.
2. Mostrar comprensión y empatía hacia quien lo sufre.
3. Establecer acciones de protección adecuadas.

Las acciones de protección pueden ser de diversos tipos. Citamos algunas: garantizar pagos con avales en supuestos de riesgo de impago, consultar con expertos, ampliar la información, buscar mecanismos de soporte, etc.

La segunda emoción importante que se presenta frecuentemente es la de IRA, que también adopta diversos nombres como rabia, cólera, odio, indignación, tensión, animadversión, etc. Debemos entender que la raíz de esta emoción siempre es alguna forma de ira. Normalmente se presenta en actitudes agresivas.

Examinemos ahora resumidas las principales estrategias de manejo de la agresividad cuya base científica está contrastada:

GESTIÓN DE SITUACIONES DE AGRESIVIDAD VERBAL

A) SABER MANEJAR EL TIEMPO. La emoción de ira o cólera una vez desencadenada no admite reflexión (no sirve de gran cosa). Ganar tiempo para calmar.

B) ELIMINAR LA INSTIGACIÓN. Suprimir aquellos elementos que puedan desatar la cólera (de solo verle ya me pongo nervioso, armas y elementos de riesgo…).

C) RECONSTRUIR LA EXPERIENCIA. Nuevos aprendizajes por vía cognitiva. Educación para el diálogo y la paz.

D) ENTRENAMIENTO EN HABILIDADES. Uso y aplicación de las ventajas de las habilidades sociales.

E) TOLERAR CIERTO NIVEL DE AGRESIVIDAD. Pensar que la agresividad existe en la vida y que todos somos diferentes.

F) TRATAR DE DESPLAZAR LA AGRESIVIDAD. Dirigirla rabia a otro objeto o a un sujeto neutro.

G) INTERVENIR, SI ES POSIBLE, SOBRE EL CLIMA Y LAS CONDICIONES SOCIALES Y ESTRUCTURALES COMO FUENTE DE VIOLENCIA.

H) MANTENER EL AUTOCONTROL Y ASERTIVIDAD. Evitar caer en espirales de acción-reacción.

I) USAR LA PACIENCIA COMO UNA VIRTUD ÚTIL.

J) SABER USAR EL TONO DE VOZ COMO HERRAMIENTA PARA CALMAR AL OTRO.

K) PENSAR QUE EL AGRESIVO ES ALGUIEN QUE SUFRE O QUE TIENE MIEDO DE ALGO. EXPLORAR ESE MIEDO.

La emoción INTERÉS/DESINTERÉS se presenta normalmente ante situaciones de oferta en una negociación o ante la aportación de informaciones nuevas. Es preciso fijarse mucho en la comunicación no verbal de las partes.

Esta acostumbra a ser muy explícita, con inclinaciones del cuerpo hacia adelante o hacia atrás, a veces dilatación de las pupilas, también expresiones de desagrado. La regla para manejar adecuadamente estas situaciones es EXPLORAR, tratar de descubrir qué aspectos tienen o pueden tener relevancia para la parte que está interesada en algún aspecto de las proposiciones existentes sobre la mesa. A veces conviene destacar los aspectos positivos frente a los negativos de las distintas propuestas a la vista de cómo se desarrolle la interacción.

Obviamente, existen más situaciones vinculadas a las emociones que conviene conocer y que serán muy importantes en el desarrollo del proceso[25].

2.2.6. La gestión de la culpabilidad y la autoestima

La cultura judeocristiana a la que pertenecemos nos ha socializado en la palabra «culpa», tener la culpa de alguna acción supone una fuerte connotación social negativa. La culpa nos induce a la autodefensa cuando nos imputan responsabilidad en algo. A su vez, la palabra «culpable» muchas veces connota un hecho jurídico criminalizado.

Normalmente ocurren dos situaciones: la imputación recíproca de responsabilidad (lo podemos apreciar, por ejemplo, en los partidos políticos), pero exactamente igual en las relaciones de pareja, etc.

---

[25] Una obra para profundizar en estos aspectos es *Emoción y conflicto*, con referencia bibliográfica al final de esta obra.

La segunda situación que se produce son actitudes defensivas para «salvar la cara», en realidad para salvar la autoestima personal. La autoestima es un bien preciado para cada cual y significa el juicio que nos hacemos sobre nuestro propio valor personal.

La imputación de culpa siempre supone un ataque a la autoestima, por lo que deberíamos evitar incluso el uso de la palabra, si ello es posible.

Una de las causas más frecuentes de rotura de negociaciones y mediaciones está vinculada a situaciones en las que una parte u otra percibe que su orgullo personal está siendo herido.

La culpa produce sensaciones de peso (en sentido psicológico), malestar, asco respecto de uno mismo, remordimientos y un conjunto de aspectos de los que todos tenemos experiencia. La verdad es que los sentimientos de culpa inmovilizan mucha energía. De ahí que muchas veces las partes tienden a producir en el otro incluso chantajes emocionales con este sentimiento.

La culpa, por el peso que contiene, o bien nunca es de nadie (que lo vemos en situaciones de accidentes en los que nadie asume la responsabilidad, por poner un ejemplo), o, en todo caso, es de otro. Este mecanismo está bien explicado en la psicología social y en el ámbito de las teorías de la atribución. La expresión coloquial «la culpa es muy negra y no la quiere nadie» ilustra perfectamente la situación.

TRES SESGOS FUNDAMENTALES EN LA ATRIBUCIÓN DE CULPA Y RESPONSABILIDAD

ERROR FUNDAMENTAL DE ATRIBUCIÓN. La atribución de culpa o responsabilidad de una conducta se hace a causas externas si nos referimos a nosotros mismos e internas si el afectado es el otro. Ejemplo: «Me caí porque el suelo estaba resbaladizo» vs. «Se cayó porque no miraba el suelo». La situación es idéntica, no así la imputación de responsabilidad que, vista externamente, cambia. En mi caso no hay culpa o es de los demás. En el segundo supuesto, los observadores ven culpa y responsabilidad en mí.

SESGO ÚLTIMO DE ATRIBUCIÓN. Hay que fijarse en qué sucede ante el éxito y el fracaso. Ver si el éxito me afecta a mí: «Me conceden este reconocimiento porque soy muy bueno y lo he merecido». O, si afecta a otros, en este supuesto ya no se atribuye a los méritos personales de los demás, sino a las circunstancias que pueden ser: la buena suerte, la influencia de los padres, extrañas relaciones personales...

SESGO ACTOR/OBSERVADOR. El punto de vista de la persona que actúa es distinto al de la persona que observa la conducta. De ahí que no sea extraño que la valoración de los mismos hechos dependa del grado de implicación en ellos. Situaciones del tipo: «No podía hacer otra cosa» para mí mismo, se contraponen con definiciones externas: «Tenía que haber previsto esto».

REDORTA. J. (2019) extraído a partir de ideas de Manassero, M.A. en «apuntes de clase 1995». Sin publicar.

2.2.7. Gestión de tipos egocéntricos

«No vimos cómo nuestros egos iban creciendo a lo largo del camino»[26]. Esta cita de David Marcum y Stefen Smith puede enmarcar bien nuestro tema. El ego de cada cual puede ser a la vez un activo valioso o nuestro peor pasivo. Los problemas con nuestro ego derivan de que no esté equilibrado. El problema es que nosotros no nos damos cuenta, pero los demás sí.

Marcum y Smith (2009)[27] nos advierten de los peligros de una desviación respecto del equilibrio de ego y que referidos a nosotros mismos son:

1. Nos volvemos muy comparativos respecto de los demás.
2. Nos ponemos a la defensiva o bien más habitualmente o más fácilmente.
3. Tendemos a exhibir nuestra inteligencia y conocimiento.
4. Buscamos la aceptación de los demás en mayor grado.

Es cierto que en las relaciones sociales tratamos los aspectos más humanos que tenemos las personas, pero no debemos olvidar que lo más delicado de las personas son dos letras: «yo». El yo lo implica todo, la personalidad, la identidad, nuestro mundo, en suma:

La humildad es un punto de equilibrio perfecto entre demasiado y escaso ego.

---

[26] Marcum, D. y Smith, (2009). *Egonomics*, pág. 5.

[27] Obra citada, pag.21.

Sin embargo, en nuestras sociedades actuales la humildad parece un concepto obsoleto porque estas tienden a valorar el exhibicionismo, la fama en los medios, etc. No obstante, esa denostada humildad bien entendida no nos hace más débiles, antes, al contrario, mejora mucho nuestra capacidad de relación con los demás.

Lo cierto es que la palabra humildad al referirse a capas sociales pobres de la sociedad ha sido denostada, pero seguro que no ha perdido su valor para aquellas personas que se sienten fuertes en su interior.

En el ámbito de la psicología a principios del siglo pasado Alfred Adler, uno de los fundadores de la psicología moderna junto a Freud y Jung,

trabajó en un enfoque global de la personalidad observando la interacción de los individuos en su contexto social. Su obra, centrada entre otros aspectos en los complejos de inferioridad y superioridad, fue seguida por Frltz Kunkel, quien trató de estereotipar a aquellas personas excesivamente centradas en ellas mismas y descubrir cuál es su perfil.

El problema para el gestor o gestora de cualquier conflicto es que raramente tiene todo el tiempo del mundo para afrontar los temas en los que trabaja. Y, por tanto, precisa de herramientas de orientación rápida respecto a adecuar su actuación frente a los demás en conflicto. De ahí, la importancia de disponer de instrumentos de ayuda rápida.

Kunkel elaboró unos estereotipos fundamentados en el sentido de la desviación del «yo» respecto de su centro natural que pueden ser apreciables en la conducta normal de una persona y en sus actitudes. Él habla de cuatro situaciones o tácticas concretas que también posteriormente han sido llamadas «estilos de vida» y que ve como muy asentados en la persona[28].

---

[28] Estoy en deuda de gratitud con D. Salvador Escala, brillante psicólogo de las organizaciones, de cuyas importantes lecciones bebe este capítulo. Para una mayor compresión de las ideas de base, es preciso ir a las fuentes en la psicología de Alfred Adler y su discípulo Fritz Kunkel. De especial utilidad ver la obra Estilos de vida de Ruiz, J. J., Oberts, U. E. Y Quesada, A. M.

TIPOLOGÍA DEL YO DE FRITZ KUNKEL

El YO puede manifestarse a través de un estilo de conducta habitual que suele estructurarse en la infancia, por cuyo motivo es difícil cambiarlo y llega a parecer constitucional. Sin embargo, es siempre adquirido y es un producto de formación, a través de padres, profesores y amigos.

Tácticas de dominio (el yo quiere imponerse)

Kunkel reduce a cuatro las tácticas que adopta el YO para conseguir su propósito de dominar a los demás. Cada una de estas «estructuras dinámicas del egocentrismo» se desenvuelve con escasa voluntad consciente del sujeto. Constituyen hábitos de actitud muy antiguos, generalmente infantiles, y el propio sujeto apenas los advierte.

Lo que sí ve el sujeto es que tiene una manera de ser propia, en la cual se desenvuelve bien para conseguir sus propósitos.

Los cuatro estilos o tipos desarrollados por KUNKEL en su forma más pura o visible son:

1. TIPO ESTRELLA.
2. TIPO CÉSAR.
3. TIPO LLORÓN.
4. TIPO TARUGO.

Tipos de Kunkel. Fuente: ESCALA, S. (1969). Apuntes de clase.

1. Tipo estrella

Nace en la infancia, con el mimo excesivo. Se da cuenta de que es una persona «muy importante» a la que se dedican una extraordinaria cantidad de atenciones. Tales que le eximen generalmente de esfuerzos para conseguir algo, por leve que sea. Ha sido objeto de muchas alabanzas públicas y de muchos privilegios concedidos por distintos familiares, a veces por todos ellos. Si es una persona tan importante, cuando necesita algo, espera con naturalidad «que alguien se lo obtenga».

A medida que crece, necesita conservar la aureola de admiración de la que le ha rodeado la familia, y entonces se lanza a la conquista de los que dispensan favores (p. ej. los profesores, en edad escolar) consiguiendo fácilmente favoritismos.

Derrocha simpatía con el fin de que se le pague con distinciones. No puede vivir «como uno más». Necesita privilegios para considerarse feliz.

Las crisis se producen cuando su táctica falla. Si está en su mano, paga los laureles y los privilegios, las admiraciones, recurre a toda clase de combinaciones para seguir apareciendo como «persona distinguida». Al mismo tiempo hace un violento esfuerzo para «conquistar» la admiración de los demás.

Se le reconoce porque no le importa hacer cosas importantes, sino «que los demás se lo crean».

Cuando con todas sus tácticas no consigue imponerse, y es considerado por el grupo como uno más, entonces se desploma verticalmente, pasando a tácticas nuevas de signo contrario: se hace el resistente (tarugo) y se convierte en el garbanzo negro del grupo en el cual vive, solo para que se le encuentre en todas partes como estorbo, gozando en que se vea que «está y no colabora». También puede pasar a lamentarse (llorón) y entonces intenta conseguir sus propósitos de dominio, despertando sentimientos de protección y ayuda, incluso de lástima.

Mientras predomina estrella no hay fórmula que lo cure. Su apetito de honores y distinciones le lleva progresivamente a situaciones cómicas. Todos los demás saben que «se le puede comprar con un poco de incienso».

Si ha llegado a posiciones importantes, suele rodearse de personas eficaces a las que no les importa pagar bien con tal de que le sirvan de pedestal.

Si sus posibilidades no le permiten esto, entonces se autoelogia constantemente. Cualquier alusión favorable que reciba de los demás la propaga como un gran triunfo personal.

Hay una cosa que le pone enfermo: la crítica. No la tolera aún en grado suave. Recuerda con impresionante insistencia a lo largo del tiempo a las personas, situaciones y expresiones que significaron para él una desaprobación.

La persona estrella, es frecuentemente una persona simpática y con gran capacidad para crearse una fuerte aureola de entrada. No puede estar en una reunión y no ser «la persona más importante».

Mide el éxito personal por la cantidad de prestigio concedido.

La forma acusada de «estilo estrella» lleva al exhibicionismo social o intelectual.

No existe la menor posibilidad de discusión fructífera. A lo sumo, el diálogo suave y cauteloso en privado. En público (familiar o social) no da nunca la razón a los demás. No puede. Sería su crisis de estilo.

2. Tipo césar

Suele originarse por una educación excesivamente rígida o excesivamente abandonada. Aprende muy pronto que, si no se defiende (de quien le domina excesivamente, o del ambiente en el que no puede confiar), es víctima de atropellos.

Entonces cae en órbita egocéntrica de dominio. Ante todo: imponerse.

No lucha «por algo», sino «contra algo». Su yo se dirige primero al «enemigo», después al objeto de trabajo.

Además, se ha convencido de que si ha de lograr algo será preciso conquistarlo pues «nadie da nada». Por esto es agresivo, conquistador, dominante, tenaz y belicoso.

Mide la vida (el éxito) por la cantidad de victorias que gana.

Frente a otra persona, lo primero que en él nace es el sentimiento de rivalidad y poder (le puedo, me puede).

Que le admitan le importa mucho menos que inspirar temor. Necesita mandar, imponer criterios y ensanchar progresivamente su base de poder.

Es jefe de grupo, líder, conductor, impone sanciones, dispensa mercedes a su libre antojo, pero siempre exclusivamente según el baremo de obediencia de los componentes del equipo. Para el césar, el hombre «obediente» es el hombre eficaz.

Cuando se somete a órdenes ajenas, es para utilizar el poder que tal situación le dé, como instrumento de futuros dominios (en edad escolar se hace el favorito del profesor para imponer una tiranía sobre sus compañeros).

La crisis sobreviene cuando encuentra resistencia. Se enfurece en la misma proporción en que es rechazado su dominio (social o mental). Antes de aceptar «la derrota» (a veces no es más que aceptar que los demás también tienen personalidad), se desencadena en arrebatos de cólera, tan desplazados de situación que no despiertan más que risa y comicidad, visto a cierta distancia.

Si no consigue imponerse, la crisis le convierte en llorón o tarugo. Entonces pasa a inspirar lástima (no se encuentra bien, padece enfermedades que pueden ser graves, pierde el habitual ánimo de lucha) y fuerza a familiares, amigos y médicos a desbloquear la vía obstruida, animándole unos, obedeciéndole otros y tonificándole como si de un enfermo ocasional se tratara.

Dentro de la empresa, un tipo césar es fácilmente reconocido. Suele conseguir puestos clave (o lucha denodadamente para conseguirlos) y desde allí crea un verdadero «grupo informal» que le presta completa obediencia.

Su afán por rendir voluntades le lleva a eliminar toda oposición, aun leal, dentro de su grupo, por lo que se queda con los que sirven su estilo («sí, señor»). No tiene colaboradores, sino ejecutores. Es un hombre solitario en el poder y se hace temible e indispensable incluso en la ausencia («después de mí, el diluvio»).

En una reunión del mismo nivel, bastarán dos «césares» para bloquearla o convertirla en una lucha de rivalidad y predominio.

3. Tipo llorón

El yo de un llorón se impone gracias a la capacidad que ha adquirido para inspirar lástima.

Él «es una persona sufriente», «vale poca cosa», «no tiene buena estrella», «es digno de compasión», «tiene derecho a lamentarse», «sería otra cosa si alguien le ayudara», «está en un constante apuro».

No se trata de fingimientos ni simulaciones, sino de una auténtica situación de sufrimiento. Las lágrimas son reales, los dolores existen, las penas son ciertas.

Tiene una gran capacidad para reunir situaciones incómodas que, por acumulación y sucesión en el tiempo, desarrollan una gran capacidad de sufrimiento.

Si escoge como sufrimiento el trabajo, este lo practica en forma visible y constante, y cuanto más lo practica, más sufre, y cuando más sufre más puede quejarse, y como es evidente que hay razones para ello, se va labrando paulatinamente una aureola de «mártir».

No se conseguirá llevarlo al buen sentido de reducir el trabajo, que es el origen del sufrimiento, ya que con esto quedaría sin justificación su conducta. Entiéndase bien que no trabaja para el objeto de trabajo, sino para que, con el sufrimiento de este, pueda comprobar la voluntad y protección ajena.

Cuando un estilo llorón se encuentra con una persona en la que el sentimiento predomina, tiene un aliado fidelísimo.

Usualmente el tipo llorón no puede subsistir sin abundante protección. Cuando esta falta, cuando es abandonado a sus propias fuerzas, se produce la crisis, en la que se acentúan todos los esfuerzos para «sufrir y ser visto en el sufrimiento». Si esto también falla, abandona el grupo de protectores y pasa a conquistar otros nuevos. Él sabe que la cantidad de personas dispuestas a realizar algo por alguien que sufre es inagotable. Es cuestión de proseguir abriendo cantera, cuando los conocidos ya no reaccionan.

En la empresa, para un llorón siempre hay un padrino para estrenar.

4. Tipo tarugo

Se llega al tipo tarugo por alguno de los anteriores. Cuando el fracaso es insalvable y, además, no se acierta en la curación egocéntrica, el sujeto se encierra en sí, haciéndose impermeable a las contingencias externas.

Está en casa, pero «ignora» las circunstancias familiares; está en el grupo, y desconoce las actividades de este. Si puede, hace vida aparte y se complace en ello.

Llega a ser tenido por insensible, hermético, perezoso, indiferente.

Lo que ocurre es que, después del fracaso primitivo, ha estructurado su estilo sobre una política personal de renuncias.

Estas renuncias alcanzan en muchos casos a los mismos actos de desear, por cuya causa va limitando su felicidad a las formas más primitivas o simples de la vida: vivir, comer, descansar, dormir, huir de todo esfuerzo que signifique superación y perfeccionamiento dirigido, cooperar, etc.

El muchacho o muchacha tarugo es la desesperación familiar. Tiene aptitudes, pero no las utiliza. Tiene sentimientos, pero no los ejerce. Es castigado, pero no muestra el menor sufrimiento por los castigos morales o físicos que reciba.

Los «estrellas destronadas» y los «césares sometidos» caen temporalmente en fases de resistencia al estilo tarugo. Llegan a una dureza egocéntrica y a una insensibilidad que desconciertan a los familiares.

Se les puede pegar y hacen como que no se enteran. Se les puede dejar sin recreos o comidas y se ríen. Resisten hasta vencer al que pretende dominarles, al cual vienen a decir: «Aunque me mates, perderás el tiempo».

Finalmente, se les deja tranquilos, que es lo que, en resumen, desean.

Dentro de la empresa, el tipo tarugo elude la expulsión, pero también todo trabajo positivo. Los jefes acaban relegándole a un puesto donde su actuación no sea interferente.

El tarugo sufre atormentado por un mundo apasionado que los demás ignoran totalmente y está prisionero de su aislamiento. Cuanto más se aísla menos posibilidad de salvarse tiene.

Dentro de un tarugo hay alguien acobardado. Tiene miedo de luchar, porque está convencido de que, después de su frustración capital, él solo no podrá conseguir nada y es incapaz de pedir (antiguo estrella o césar). Por esto, para curar a un tarugo es preciso curar al estilo del cual procede.

2.2.8. Creación de entornos seguros

La creación de entornos seguros es cada vez más importante a medida que la escalada de un conflicto se incrementa. Por entornos seguros hay que entender tanto los espacios físicos como los psicológicos en cualquier tipo de contienda o diálogo.

Poniendo un caso extremo: cuando en las guerras se mata al mensajero, es muy evidente que el entorno no era seguro. Cuando una persona va a renovarse un documento y es detenida por hechos muy antiguos pero que administrativamente están todavía vigentes, el entorno físico no es seguro. El espacio debe jugar siempre un rol neutral como mínimo, pero mejor aún un rol a favor de la conciliación y el diálogo.

Los aspectos psicológicos deben ser perfectamente cuidados, una comida de trabajo para tratar un tema conflictivo en un entorno distendido, y en casos que están poco escalados, puede ser adecuado. El cuidado de los detalles físicos pasa a ser fundamental, hay objetos simbólicos que pueden ofender en una mesa de dialogo.

Y no solamente en una mesa de diálogo. En el momento de redactar estas líneas el Tribunal Supremo de España ha retirado de la sala de plenos un crucifijo que la presidía imaginamos desde hace muchos años. El gesto no es en absoluto neutral. Sin duda, pretende evitar incomodidades a personas cuya orientación personal no sea cristiana.

La disposición de las mesas, las sillas, y en resumen todo el atrezo, deben estar al servicio de generar confianza, distensión y favorecer la comunicación entre las partes. Todo esto es muy relevante en las negociaciones políticas.

La actitud de «cuidado» de las personas y sus necesidades es, definitivamente, una obligación del mediador, facilitador o gestor del conflicto. Quizás alguien precisa agua para beber, o ir al servicio, o un pañuelo de papel. En resumen, hay detalles que no son irrelevantes y que ayudan a mejorar el clima de cualquier reunión.

Deberíamos considerar que:

La seguridad del entorno tiene que ver con la creación de condiciones que eliminen la amenaza.

Un ejemplo puede ilustrar esto mejor: en un conflicto entre un directivo y su equipo con alto nivel de escalada, se pactó un proceso de diálogo intenso donde se previó y aceptó por las partes que en ningún caso habría represalias. Al eliminarse los temores y existir una figura reconocida como garante en la persona del mediador, el proceso produjo muchos frutos y las relaciones se sanearon adecuadamente.

En el proceso de escalada de un conflicto aquello que vamos dejando por el camino a medida que la misma se intensifica es la confianza. Hay que recordar que la confianza es el cemento de la sociedad y que deben existir unas condiciones mínimas de confianza para las relaciones personales. De ahí que la labor de construcción de confianza tanto hacia las partes, como hacia el tercero interviniente sea una cuestión de presencia constante en la mente del facilitador, mediador o persona gestora del conflicto en cualquier faceta de todo proceso.

CREACIÓN DE ENTORNOS SEGUROS: REGLAS

1. No contravenir pactos acordados con las partes sin una previa renegociación de estos.
2. Facilitar las mejores condiciones de comodidad física para las partes y adaptación a sus condiciones de horarios, espacios, etc.
3. Admitir si están mínimamente justificadas, críticas en cuanto al proceso y a nivel de *feedbacks,* si las mismas son pertinentes.
4. Pactar la prohibición de las situaciones de amenazas, propuestas muy irreales o muy increíbles.
5. Reforzar acuerdos parciales entre las partes en conflicto y valorar su esfuerzo.
6. Acompasar la intervención al ritmo de las partes.
7. Tratar de deshacer temores e inquietudes de manera adecuada.
8. Encargar a las partes la búsqueda de informaciones pertinentes.
9. Otorgar reconocimiento siempre que sea posible y oportuno.
10. Escuchar, escuchar, escuchar.

Redorta, J. (2019).
Apuntes sin publicar.

2.2.9. La gestión de lo tenido por obvio

Muchas veces se evitan cuestiones por «obvias». La obviedad de algo se produce porque parece que discutir ciertas cuestiones o temas no aporta ninguna información relevante a lo que se piensa debatir. Sin embargo, muchas veces ocurre que lo obvio para una parte no lo es para otra. Así ocurre en la relación del adulto con el niño y eso sucede en todo el proceso de educación. Lo que es obvio para un determinado niño puede ser una cosa muy distinta para los padres.

La mayor parte de las veces lo obvio tiene que ver con las creencias y los marcos mentales de cada cual. Así, puede parecer obvio que a una reunión determinada debe asistir el presidente de la compañía. Pero quizás a ese mismo presidente le parecerá obvio que en el tema concreto conviene reservarse, como última instancia.

Nos sorprendería la cantidad de veces que se dan por sentadas de inicio cosas que en su día fueron aceptadas y que ya no están vigentes en el grupo. Poniendo otro ejemplo, la representación de los trabajadores de una empresa en una negociación laboral; si lo que se discute es el cierre de una planta de trabajo, puede no corresponderse con los lideratos informales existentes en la plantilla.

Reducir las cosas tenidas por obvias es un tanto delicado y debe hacerse siempre a través de preguntas, si el tercero interviniente está legitimado desde su desconocimiento.

Muchas veces esto se recibe de manera sorpresiva, pero la sorpresa puede dar lugar a una reflexión más profunda sobre las circunstancias que concurren. ¿Están seguros de que el problema es realmente ese, tal como me lo han contado, o creen que hay más cosas que decir sobre el mismo?

Las excusas, cualquier tipo de excusa o que pueda en principio calificarse como tal, deben ser siempre sometidas a revisión porque pueden tratar de ocultar el verdadero problema. Puede suceder que se presenten y que admitamos como obvios asuntos que están solamente en la superficie de lo que ocurre.

El uso de la creatividad para romper marcos mentales puede ser muy relevante. Un reputado mediador internacional se refería al caso de una frontera en lo alto de una montaña que generaba un problema de lindes: hasta qué punto exacto llegaba la soberanía de cada país. El problema se resolvió creando un parque natural común gestionado conjuntamente, que además significó una fuente de riqueza para ambos países. Lo obvio era que el linde pasaba por la divisoria geográfica de la montaña.

No somos suficientemente conscientes de la cantidad de rutinas que vamos aceptando en nuestras vidas y que nos producen zonas de confort que están muy bien, pero que en situaciones de conflicto pueden bloquear fácilmente una solución adecuada al problema.

La creatividad es un rico valor que tenemos de niños y muy jóvenes y que vamos perdiendo con la edad, únicamente las organizaciones más avanzadas se han planteado rigurosamente este tema como algo imprescindible para el avance organizativo. Sin embargo, hoy en día se sabe bastante sobre cómo recuperar nuestra capacidad creativa y existen técnicas diversas de alta utilidad de gestión de conflictos[29].

---

[29] Creemos que la mejor referencia en técnicas de creatividad es la obra en conjunto de Edward De Bono, este autor creó el concepto de «pensamiento lateral» con muchas aplicaciones prácticas.

La creatividad tiene aplicación especial en las situaciones de bloqueo de una negociación. Su utilidad ya fue puesta de manifiesto hace unos pocos decenios, cuando el conocido modelo de negociación de la Universidad de Harvard destacó la importancia de una aplicación correcta de la creatividad para salir de situaciones de bloqueo.

La creatividad requiere asumir ciertos riesgos (me tomarán por loco si lanzo esta idea, me darán más trabajo si lo propongo y ya tengo mucho, esto es imposible, etc.). Sin embargo, hay una multitud de técnicas concretas desde el conocido *brainstorming*, hasta la llamada «seis sombreros para pensar» y muchas más que ayudan a crear el entorno necesario para que un grupo genere ideas productivas.

2.2.10. Examen de las condiciones que hacen que un conflicto tienda a la escalada

En 1986 un trabajo de Rubin, Pruitt y Hee[30] analizó con detalle qué aspectos se estimaba que podían tener relevancia en el inicio de la escalada de cualquier conflicto. Sus conclusiones fueron bastante claras:

a) Comunicación

A más facilidad de comunicación dentro del grupo, mayor riesgo de escalada. De ahí que para desescalar un conflicto muchas veces se actúe sobre las vías de comunicación entre los miembros del grupo.

b) Liderato

Si el liderato en el grupo está claro y no hay disenso respecto de este, las condiciones para la escalada

---

[30] Rubin, J., Pruitt, D. y Hee, S. (1986). *Social Conflict. Escalation, Stalemate and Settlement.*

se incrementan. De ahí la estrategia de los clásicos romanos: «Divide y vencerás».

c) Pensamiento absolutista

Cuando lo que yo gano tú lo pierdes y viceversa, y no salimos de ese bucle, la tendencia es desear activamente «lo nuestro». Si, además, estamos totalmente convencidos de la razón, estamos ante un factor claramente tendente a que las cosas se compliquen.

d) Debilidad de la norma de grupo

Puede ser por ausencia de cohesión grupal suficiente en un momento dado, con lo que el conflicto incrementa la cohesión deseada. También porque la ley tenga un alto nivel de deslegitimación. Cuando la norma se reconoce como no legítima la tendencia es a superar esa norma y, por tanto, a incrementar la acción, lo que a su vez provoca más reacciones.

e) Inconsistencias en el estatus

La asignación de méritos no es compartida en el grupo porque precisa un liderato fuerte para vencer las dificultades que conlleva hacer frente al conflicto.

f) El agravio comparativo

Tendemos a compararnos con otros grupos. Cierto beneficio otorgado a otros me hace pensar que yo también tengo derecho y no me es reconocido, esta situación insta a la movilización de los miembros del grupo.

g) Ambigüedad respecto del poder

El hecho de no tener claro cuál es la relación de poder en los grupos que se enfrentan, induce a pensar que disponemos de más poder o que los demás son más débiles. El poder real no cuenta, sino aquel que se atribuye a los demás y a nosotros mismos. Nos sentimos capaces de buscar nuestros objetivos y esta condición puede hacer escalar cuaquier conflicto.

h) Período de expansión rápida

Las expectativas están al alza, lo que nos proponemos lo conseguimos. Vamos de victoria en victoria, sumemos una más. Esta visión de futuro, fruto a veces de concesiones continuadas, hace que los conflictos escalen. Algunos conflictos públicos se explican por esta condición.

Naturalmente, no tienen por qué darse todas estas condiciones, sino estar atento a estos factores al efectuar una valoración de tendencia del conflicto. Estos factores son claves para examinar y reflexionar hasta qué punto están presentes o pueden darse entre las partes, de manera que puedan diseñarse estrategias de desescalamiento.

TERCERA PARTE

RECURSOS PARA DESACTIVAR LOS CONFLICTOS

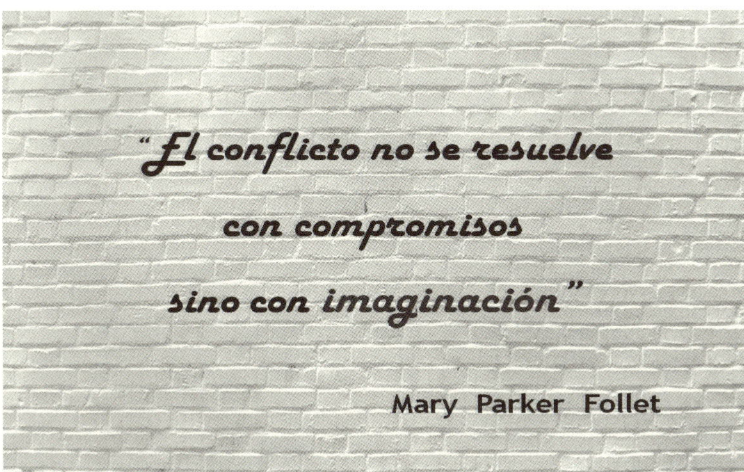

3.1. LA IMPORTANCIA DEL PUNTO CRÍTICO

Podemos definir el punto de madurez de un conflicto como un momento de estancamiento. El desgaste producido por la energía empleada en el propio conflicto tiende a agotarse. De alguna manera las partes se cansan de la situación de tensión. En una metáfora, si yo estoy presionando con la mano fuertemente cualquier objeto, llega un momento en que no puedo seguir ejerciendo la misma presión. Empieza a faltar energía. La situación consume muchos recursos.

En 1994 Rubin, Pruitt y Kim[31] observaron que básicamente hay cuatro razones para llegar a la situación de estancamiento, que también ha sido denominada «punto crítico del conflicto» por algunos autores. Las razones que adujeron fueron las siguientes:

a) Fracaso del proceso competitivo utilizado hasta el momento.
b) Agotamiento de los recursos necesarios.
c) Pérdida del apoyo social.
d) Inaceptabilidad de los costes.

En última instancia se trata de una situación de poder igualado. No hay vencedores ni vencidos en una situación de alta provisionalidad.

El punto de madurez representa el momento en el cual las partes se plantean poner fin de alguna manera al conflicto que venían sosteniendo. A partir de aquí se inician dos procesos típicos distintos:

---

[31] Alzate, R. (1998). *Análisis y resolución de conflictos: una perspectiva psicológica*, pág. 67, con cita de los autores.

a) La desescalada.
b) La cronificación del conflicto.

En el primero de los supuestos, las partes inician un proceso de cooperación con enormes dificultades. Ello es así porque las tácticas competitivas usadas hasta ese momento han prácticamente agotado la confianza mínima necesaria para cooperar. Y esta es precisamente la actitud que necesitan en ese momento. En otras palabras, las partes desean resolver la situación al menor coste posible para cada cual, pero no saben cómo conseguirlo.
Típicamente, es un muy buen momento para la mediación que acostumbra a ser una recomendación muy útil porque permite garantizar entornos de diálogo de forma no amenazante, facilita la comunicación, rebaja la tensión emocional y gestiona la escasa confianza mutua existente.

El punto de madurez es un momento de fuerte inestabilidad, un punto muy delicado donde cualquier detalle incluso azaroso puede reactivar la escalada.

Es un momento en el que el gestor o gestora de conflictos tiene que actuar con suma delicadeza entre otras razones porque muchas veces las partes no llegan al punto muerto con el mismo nivel de convencimiento de que tienen que cooperar. La situación de incertidumbre acostumbra a ser máxima.

El mediador o gestor del conflicto puede detectar, y debe estar muy atento para ello, los diversos síntomas. Comentarios del tipo:

... llevamos mucho tiempo invertido en este asunto.
... a ver si podemos terminar de una vez.
... estamos cansados de.

... no puedo seguir soportando este pleito.
... la gente se nos echa encima.
... esto no puede durar toda la vida.
... deberíamos negociar.
... no estoy convencido de que nuestros socios lo entiendan.

Estos y muchos más son claros indicadores de que estamos acercándonos o hemos llegado al punto de madurez.

Acostumbra a ser muy relevante quién y cómo se toma la iniciativa de establecer el contacto con la otra parte, ya que a veces sucede que el oponente, si no se halla convencido de estar en el punto crítico, puede ver los pasos dados como una muestra de debilidad y reescalar el conflicto.

La situación es delicada y hay que estar muy atento a la forma de reestablecer la comunicación. Normalmente, se hace a sugerencia de terceras personas, que reinician un acercamiento informal.

3.2. TÉCNICA BÁSICA DE DESESCALADA

La desescalada de un conflicto supone pasar de un proceso de competición, como fue la escalada, a uno de cooperación y esto es complejo. La razón fundamental es que a través de la escalada de un conflicto la confianza entre las partes se ha ido agotando. A más nivel de escalada, más pérdida de confianza entre las partes. Así llegamos a un punto crítico donde las partes se plantean cómo salvar su propio orgullo, cómo recuperar al menos parte de lo conseguido, etc., porque en definitiva se trata de «cómo terminar».

Es evidente que si no hay dependencia (imaginemos un problema cliente vs. proveedor en un entorno de múltiple oferta), lo más probable es que la relación quede rota si ambas partes se encierran en sus posiciones. Normalmente, si se trata de asuntos de poca importancia y la relación de poder es muy desequilibrada, alguna parte da el asunto por perdido. Si la importancia es mayor, se tiende a la negociación, mediación o arbitraje privado o público jurisdiccional.

Cuando existe interdependencia, la primera pregunta a formularse es: ¿cuál es el grado de interdependencia de una parte respecto de la otra?

Examinemos esta herramienta que nos permite reflexionar sobre los niveles de interdependencia de las partes:

TEORÍAS DEL INTERCAMBIO VARIABLES DE ANÁLISIS DE LA INTERDEPENDENCIA

NIVELES DE ANÁLISIS DELAINTERDEPENDENCIA

- GRADO DE DEPENDENCIA (En qué medida los resultados, buenos o malos, dependen del otro)
- RECIPROCIDADDELADEPEN-DENCIA (En qué medida los resultados son mutuamente necesarios)
- CORRESPONDENCIA DE RESULTADOS (En qué grado los resultados se evalúan igual por ambas partes)
- BASESDELADEPENDENCIA (Grado de control de una parte sobre la otra)

Esquema de REDORTA, J. (2001). «Sobre resumen de Rusbult, C. E. y Van Lange (1996)». En: *The Blackwell encyclopedia of social psychology*

Una de las primeras cosas a determinar es la existencia de objetivos supraordinados[32]. La pregunta pertinente es: ¿tienen las partes en conflicto algún interés que esté por encima de la situación planteada? A título de ejemplo: en una familia podrían ser hijos en común con derechos a salvaguardar, en un negocio la continuidad de este, en un partido político la posible pérdida de las elecciones, etc.

La existencia o no de estos objetivos supraordinados y su apelación a ellos, mejora las expectativas de una desescalada negociada respecto de un de posible acuerdo.

En 1993 Rubin[33], un reputado conflictólogo norteamericano que ya hemos citado, estableció la técnica denominada «construcción de momentos» que, en una aproximación, vendría a ser empezar por desbrozar aquellas cosas que impiden el diálogo. Buscar, tal vez, lo que sea más manejable y fácil de solucionar. Se trata de conseguir concesiones que, siendo muy pequeñas, no afectan a la autoestima de las partes. La importancia reside en que se empieza el proceso de cooperación mínima imprescindible.

Nunca conviene quitar trascendencia a una ligera concesión en este contexto, esto va conduciendo a otras concesiones más importantes cuando las partes se van sintiendo más seguras en su esfuerzo cooperador.

Sin embargo, entendemos que para la aplicación de esta técnica deberíamos efectuar un análisis de aspectos relevantes de la situación. Aunque en 2015 (Redorta[34]) planteamos esta herramienta como análisis de urgencia,

---

[32] Alzate, R., obra citada, pág. 69 con cita de SHERIF, M. donde se detallan. En todo caso se consideran objetivos supraordinados, por ejemplo, el bienestar de hijos comunes, la continuidad de una empresa, etc.

[33] Alzate, R., obra citada, pág. 79.

[34] Esta herramienta ya figura en la obra *Conflict management* (2015) del autor. La herramienta está basada en el diferencial semántico de OSGOOD y es de alta aplicación.

en realidad su aplicación va mucho más allá. También puede ser usada para «objetivar» lo que son elementos relevantes del conflicto en el momento de iniciar la desescalada por una intervención.

MODELO DE ANÁLISIS DE URGENCIA

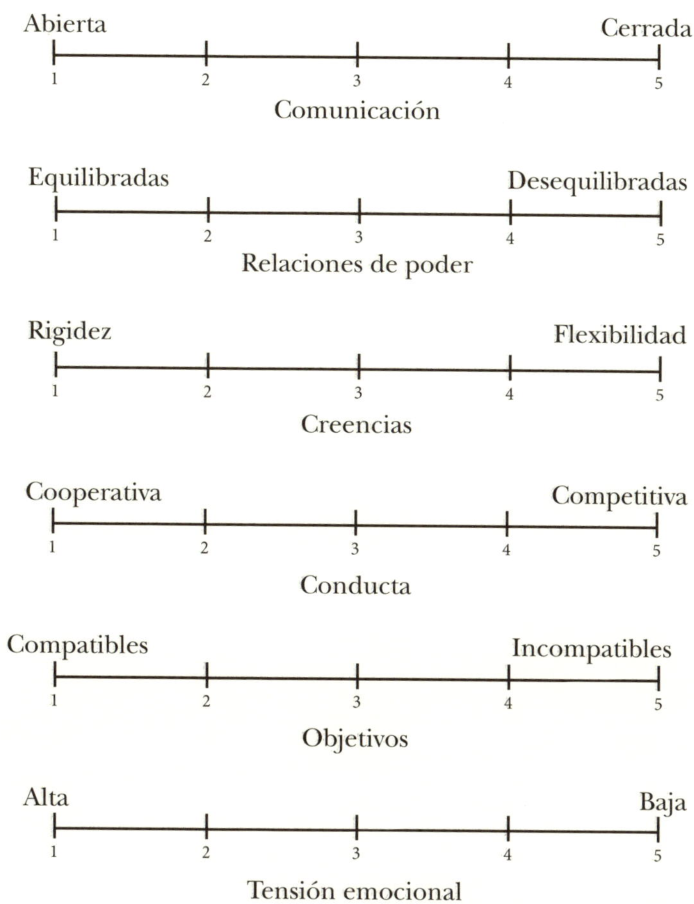

Modelo de análisis de urgencia. Fuente: Redorta, J. (2016), en *Conflict management* (Almuzara).

En 1978 James Linskold trató de abordar una situación extrema: ¿qué hacer cuando una parte no quiere saber nada de la otra, pero sin embargo son interdependientes? Su propuesta fue la técnica de la llamada «concesión unilateral», más conocida por nombre de GRIT (Graduate and Reciprocated Iniciatives in Tension Reduction).

La técnica para desescalar conflictos intensos tiene unos pasos que son los que se indican a continuación y que generalmente funcionan. Se basan en reconstruir la confianza mínima para cooperar.

Examinemos un resumen de ella, que obviamente puede ser ampliado en los trabajos originales y adicionales que se han producido posteriormente.

DESESCALADA DE CONFLICTOS INTENSOS

- Las iniciativas de la parte deben ser anunciadas con antelación en un esfuerzo para reducir la tensión.
- Cada iniciativa debe ser explicitada como parte de esta serie.
- Se debe observar lo anunciado.
- Se debe invitar al otro a ser recíproco en cada iniciativa.
- La serie de iniciativas deben ser claras y de fácil verificación.
- Las partes deben conservar cierta capacidad de desquite, por si el otro responde siendo más competitivo.
- Las iniciativas deben ser de distinto tipo, lo único en común será su naturaleza cooperativa.
- Premiar al otro si coopera, el nivel del refuerzo debe ir en consonancia con el nivel de cooperación.

LINDSKOLD, S. (1978). «Trust development, the GRIT proposal, and the effects of conciliatory acts on conflict and cooperation». *Psychological Bulletin* APA Psynet, 85(4): 772-793.

3.3. LOS ROLES DE URY EN LA DESESCALADA

William Ury, antropólogo de la Universidad de Harvard, famoso por un libro de referencia sobre negociación publicado en 1981 junto a Roger Fisher, publicó en 1999 otro título de alto valor en nuestro trabajo: *Alcanzar la paz*[35]. La importancia de este libro es enorme por los temas que plantea a nivel global, pero perfectamente aplicable a todo tipo de conflictos. Una de las preguntas que se plantea como más relevantes es: ¿cómo hacemos para parar?

Su respuesta se concreta en diez funciones o roles que tienen que ser asumidos en función de la fase en que se encuentre el conflicto. Su análisis se basa en las funciones en tres etapas: PREVENIR, RESOLVER y CONTENER.

En la primera etapa se indica cómo PREVENIR y nosotros la asimilaríamos a la fase de conflicto latente. Ury prevé tres funciones básicas:

a) Las necesidades de las partes están frustradas, por lo que es preciso acudir a poner remedio a esas necesidades sean materiales o de otro orden. A este rol lo denomina ROL DE PROVEEDOR.

b) En el mismo nivel sitúa la falta de habilidades para resolver problemas, fenómeno más común de lo que nos podemos creer y aquí encaja el rol del MAESTRO. La formación ocuparía aquí un lugar bien relevante y, de hecho, la mayor parte de organizaciones interesadas en gestión de conflictos se interesan por este aspecto.

c) También sitúa las relaciones débiles en este mismo apartado. Implicaría una situación de escasa cohe-

---

[35] Ury, W. (1999). *Alcanzar la paz*, pág. 199.

sión sea al nivel que sea y para este supuesto propone la figura del CONSTRUCTOR DE PUENTES. Esto es muy relevante en los conflictos comunitarios, pero en grupos menores tiene la misma importancia.

Posteriormente, trata un segundo apartado, que él llama RESOLVER y en el que destaca cuatro roles fundamentales. Vamos a verlos:

a) Ury destaca la existencia de intereses en conflicto y su propuesta es la figura del MEDIADOR.
b) Sin embargo, cuando aparecen derechos en disputa entiende que la figura adecuada puede ser el ÁRBITRO.
c) Pero en este apartado añade dos figuras más: la primera es la del EQUILIBRADOR, es decir, alguien que se ocupe de la función de reequilibrar el poder cuando la situación de ausencia de equilibrio es acusada.
d) Y la segunda es el CURADOR. Con esta figura indica que cuando las relaciones están dañadas, debe también atenderse a la función de restañar heridas y esto lo considera una función especializada.

Sucede que puede ocurrir que un conflicto se desborde, la escalada es tan intensa que los efectos sociales son importantes, la guerra es abierta. Para estos supuestos las funciones que propone las agrupa en la etapa CONTENER y aquí destaca:

a) Situaciones en que no se puede intervenir directamente pero que el ROL DE TESTIGO de los hechos puede ser importante.
b) Habla a continuación Ury del JUEZ DE CAMPO, es decir la autoridad que mantenga las reglas del juego en la medida de lo posible. Estas pueden ir desde la

interposición de personas en conflictos armados, a la separación de los contendientes por vía judicial.

c) En el supuesto más extremo de la escalada también encuentra una función a desempeñar: EL GUARDIÁN DE LA PAZ, que se refiere a personas, equipos o instituciones que se ocupan de quien se halla sin ninguna clase de protección.

Veamos en un cuadro estas funciones ahora agrupadas tal y como las plantea el autor.

DESESCALADA DE CONFLICTOS INTENSOS

Por qué escala el conflicto			Modos de transformar el conflicto
	Prevenir		
Necesidades frustradas	→		1. El Proveedor
Habilidades pobres	→		2. El Maestro
Relaciones débiles	→		3. El Constructor de Puente
	Resolver		
Intereses conflictivos	→		4. El Mediador
Derechos en disputa	→		5. El Árbitro
Poder desigual	→		6. El Equilibrador
Relaciones dañadas	→		7. El Curador
	Contener		
Ninguna atención	→		8. El Testigo
Ninguna limitación	→		9. El Juez de Campo
Ninguna protección	→		10. El Guardián de la Paz

Los diez roles de Ury. Fuente: Ury, W. (2000). *Alcanzar la paz* (Paidós). Reproducido con autorización expresa.

3.4. EL RIESGO DE CRONIFICACIÓN DEL CONFLICTO

En determinado tipo de conflictos existe el riesgo de cronificación de la situación.

El conflicto se bloquea esencialmente porque los costes de la solución se estiman superiores a los beneficios de cada parte.

La ausencia de energía o su bloqueo para desescalar el conflicto hace que el mismo disminuya su intensidad.

Las partes enfrentadas de alguna manera normalizan que el asunto no tiene «solución» y que hay que conllevarlo de la manera menos mala posible. Es así como vemos parejas que asumen que no pueden cambiar al otro y no quieren gastar más energía buscando alternativas de *conllevancia* de la situación. Directivos de organizaciones que se «queman», pero que no pueden conseguir sus objetivos. Conflictos que se eternizan y donde se utilizan tácticas dilatorias, encontraríamos muchos ejemplos.

Los conflictos cronificados «están ahí», pero se normaliza que ahora no puedan resolverse y se asumen sus costes. Típicamente se disparan conflictos menores derivados de la situación de fondo. El malestar tiende a ser permanente, pero se valora que «las cosas son como son».

Cuando estos conflictos se instalan en grandes grupos humanos podemos afirmar que estamos ante conflictos que siguen claramente un patrón de orden estructural. Este patrón es más visible en los grandes conflictos, pero en realidad también en el orden de lo microsocial podemos pensar que estamos ante conflictos estructurales.

Los grandes conflictos que siguen un patrón estructural acostumbran a responder a las siguientes características:

a) La solución requiere largo tiempo.

b) Deben aplicarse esfuerzos importantes de muchas personas.

c) Los medios de solución superan las posibilidades personales y se requiere la acción de grupos.

La mayor parte de conflictos vinculados al medio ambiente siguen este patrón: tala de árboles en lugares de interés ecológico, minería en entornos poco desarrollados, contaminación del aire, etc.

Pero no son estos los únicos ejemplos: en las organizaciones la estructura de poder puede ser poco flexible, los gobiernos pueden tener un control excesivo sobre poblaciones, políticas públicas muy inadecuadas, etc.

La presencia de movimientos sociales amplios es siempre un claro indicador de la existencia de grandes conflictos de patrón estructural, llámese feminismo, nacionalismo, defensa de los animales, antirracismo, etc.

Si somos capaces de diseccionar un conflicto que siga un patrón de orden estructural nos daremos cuenta de que existen básicamente seis aspectos que deben ser considerados para un análisis:

a) Cronificación

Ya hemos afirmado que existe una conexión clara entre los conflictos de orden estructural y los procesos de cronificación de un conflicto. Se hace muy importante examinar la historia del conflicto para entender bien el proceso de cronificación del mismo. Conviene estar pendiente del detalle, de las historias de vida, de las vivencias subjetivas, etc.

b) Esfuerzo

Es importante examinar con atención cuales son los esfuerzos que se han realizado para resolver la situación o, en ausencia de estos esfuerzos, remitirse a las relaciones de poder existentes.

c) Medios

La eficacia de los medios empleados hasta el momento en la resolución del conflicto debe ser evaluada en cuanto a su adecuación a la situación. Típicamente acostumbra a haber resultados insuficientes y debe pensarse en otros distintos en el marco de otras estrategias.

d) Relaciones de poder

El examen de las relaciones de poder en los conflictos cronificados o de patrón claramente estructural debe ser efectuado tratando de deslindar situaciones de «indefensión aprendida»[36]. Debe también considerarse que el poder no es el que tiene, sino aquel que se atribuye a los que lo ostentan[37].

e) Concienciación

En innumerables procesos de conflicto de orden estructural falta una autentica base de toma de conciencia de lo que es el conflicto. Así, los trabajadores que trabajan con amianto muchas veces no son

---

[36] Seligman, M. E. fue el autor que desarrolló el concepto de indefensión aprendida con experimentos importantes con animales. Su obra de referencia muy citada es *Indefensión en la depresión, el desarrollo y la muerte* (1995).

[37] Para una ampliación de estas ideas la obra del autor *El poder y sus conflictos.*

conscientes de los riesgos para la salud. Los medicamentos que se ponen en el mercado con insuficiente investigación pueden no resultar seguros (caso de la talidomina y tantos). El hábito de transitar por carreteras peligrosas hace disminuir la percepción de riesgo, etc.

f) Ideología

Los discursos y los marcos mentales condicionan de manera extraordinaria cualquier conflicto de orden estructural. Hay que prestar especial atención al análisis de los documentos en cualquier formato que configuran el discurso vigente. Desde una situación de «es mejor trabajar aunque se destruya el medio ambiente» hasta situaciones de puro discurso político basado en ideas organizadas, liberalismo, comunismo, socialismo, anarquismo, etc.

3.5. LOS RECURSOS A DISPOSICIÓN DE LAS PERSONAS GESTORAS DE CONFLICTOS

En general, hemos tenido la mirada corta para pensar qué cosas se pueden hacer ante un conflicto. Sobre todo en el mundo del derecho se ha pensado —digamos que históricamente— en dos alternativas fundamentales: el proceso judicial y la negociación. Cuando se ha ido más allá o en determinados campos, como el mundo comercial o internacional, se ha pensado en el arbitraje, y en temas de familia, la mediación.

El mundo del derecho se ha formado lógicamente en leyes, pero la verdad es que con poca visión multidisciplinar del contexto donde se tienen que aplicar esas leyes y en la más absoluta ausencia académica de recursos basados en las ciencias sociales, salvo muy honrosas excepciones.

En el mundo de la psicología, con toda su riqueza conceptual, se han visto sobre todo conflictos intrapersonales abordables con terapias. Naturalmente, no hay que negligir las distintas y especializadas ramas de la disciplina como la psicología organizacional, ambiental, etc., pero el mundo de los conflictos de intereses, conflictos grupales, etc., ha quedado muchas veces alejado de las necesidades de quienes teniendo un conflicto, no necesitan una terapia.

Citamos estos dos ejemplos para decir que mientras que todos tenemos gran experiencia en resolver conflictos porque la vida es una sucesión de ellos, algunas de las profesiones más relevantes en el ámbito de la resolución de los mismos se han visto con pocos recursos para acertar en situaciones problemáticas. Lo mismo puede decirse de la actividad política, económica, etc.

Es una lástima que no se hayan aplicado suficientes recursos al estudio de los conflictos en los distintos niveles y quizás este debería ser uno de los objetos principales de la ciencia. Ya Karl Popper desde la filosofía afirmó:

El problema es la resolución general de problemas.

Sin perjuicio de que estimamos que se sabe más de lo que creemos y menos de lo que necesitamos y que la ciencia debe avanzar de manera radical en conflictología, formulamos a continuación un resumen incompleto, pero relevante, de recursos que existen para tratar conflictos que entendemos que están infrautilizados en la mayoría de los casos.

La voluntad es enunciativa y puede no responder a distintas definiciones técnicas de las distintas figuras de resolución de conflictos que nos constan experimentadas, sin embargo el objetivo es que alcemos la mirada para buscar y rebuscar en el campo de las soluciones y vayamos con el tiempo mucho más allá del proceso judicial, de la mediación estándar y de la negociación, sobre todo ante conflictos complejos.

Necesitamos que la Academia se enfrente a que los profesionales del futuro y del presente dispongan de habilidades que ahora mismo ya van siendo exigidas en los currículos de las organizaciones. Una habilidad que no parecía muy importante: *SKILLS CONFLICT RESOLUTION*, o sea, habilidades generales en resolución de conflictos. Su relevancia es fundamental en una sociedad en cambio rápido y profundo.

Aprender a resolver conflictos en el mundo actual es una necesidad social en todas las edades, en todos los contextos y en nuestro amplio mundo.

Aunque la lista no es exhaustiva, si es cierto que nos da una idea de los diversos recursos disponibles en un momento dado para hacer frente a una situación conflictiva.

ANEXO ÚNICO

ALGUNOS RECURSOS DISPONIBLES PARA APLICAR A LA ACCIÓN PACIFICADORA

EVALUACIÓN NEUTRAL EXPERTA EXTERNA

Esta técnica se basa en el análisis de conflictos por un experto independiente, quien reúne los hechos relevantes en el conflicto, evalúa la interacción entre las partes y explica los procesos psicosociológicos que subyacen al conflicto concreto. Además de esto se indican recomendaciones para gestionar adecuadamente la situación planteada.

Esta figura se distingue de otras como el *fact finding* porque su aplicación requiere no solamente reunir los hechos relevantes, sino una explicación entendible por terceros de lo que subyace al conflicto.

El valor de la información proporcionada depende del prestigio profesional y experiencia del experto que aplica la técnica. Es, por tanto, una opinión neutral, profesional e independiente cuyas recomendaciones pueden o no ser seguidas después por las partes.

PROCEDIMIENTOS JUDICIALES

Los procedimientos judiciales tienen una larga tradición en el campo de la resolución de conflictos.

Sin embargo, las principales críticas que habitualmente reciben son la lentitud, el excesivo formalismo y el coste económico o de imagen en muchos casos. Es un campo para especialistas en derecho.

La ponderación de acudir a un tribunal puede depender de muchos factores. Unas veces es de obligado cumplimiento por la índole del asunto, otras veces existen motivaciones vinculadas a procesos competitivos de las partes, a veces puede ser una táctica dilatoria.

Cuando las partes son múltiples con responsabilidades e intereses muy diferentes, se puede observar que la sentencia judicial acostumbra a ser un camino bastante tortuoso y poco recomendable.

DISEÑO DE SISTEMAS DE RESOLUCIÓN DE CONFLICTOS

De especial utilidad en las organizaciones. Se trata de partir de la base de que los conflictos existen, aunque en un momento dado esto no sea cierto. La organización se plantea la misión de encauzar las quejas y reclamaciones a fin de fijar protocolos de actuación.

Así se centralizan los recursos para hacer frente a las situaciones planteadas y se prevén unos mecanismos de resolución que coordinan diversos departamentos de la organización, impidiendo que los temas se demoren en el tiempo.

El sistema aprovecha toda la cultura organizacional en resolución de conflictos y tiende a minimizar los efectos del problema. Actualmente su implantación es una tendencia sobre todo en organizaciones importantes.

SHUTTLE DIPLOMACY

Esta figura tiene alta utilidad cuando las partes tienen entre sí tan elevados niveles de tensión que casi literalmente «no pueden verse». Se trata de una negociación a través de intermediarios con los que se trata el asunto de fondo. De todas formas, se intenta que el nivel de tensión se rebaje.

Se ha usado ampliamente en negociación internacional y también por muchos mediadores. Acostumbra a haber cierto nivel de presión para resolver pronto la situación conflictiva de la que se trate.

CÍRCULOS RESTAURATIVOS

La idea de los círculos restaurativos es una adaptación moderna de prácticas indígenas en su origen, cuya función es gestionar conflictos desde la colectividad en un entorno seguro.

Los círculos incorporan prácticas de la comunicación no violenta y buscan sanar las relaciones y efectuar reaprendizajes. El círculo reúne a todos los que tienen algo que decir sobre un caso concreto y se orienta a la reconciliación. Es una aplicación muy vinculada al campo de la justicia restaurativa.

ARBITRAJE

El arbitraje es un procedimiento por el cual se somete una controversia, por acuerdo de las partes, a un árbitro o a un tribunal de varios árbitros que dicta una decisión sobre la controversia que es obligatoria para las partes.

Al escoger el arbitraje, las partes optan por un procedimiento privado de solución de controversias en lugar de acudir ante los tribunales. Las partes se ponen de acuerdo en quién o quiénes deben realizar el arbitraje, que debe ser neutral y unas veces fundado en base a los derechos de cada parte y otras a lo que se entienda equitativo, según los casos.

Es una figura de gran uso en el comercio internacional, pero aplicable a cualquier conflicto, excepto en casos de derecho necesario reservados por la ley.

NEGOCIACIÓN

Es un proceso de arreglo de diferencias basado en intereses conflictivos y que se apoya en diferentes técnicas que han sido muy estudiadas. La negociación es una figura de resolución de conflictos ampliamente usada en todos los campos. Su orientación va dirigida a la satisfacción mutua de las partes a partir de cesiones intentando salvar las relaciones personales.

MED-ARB

Se trata de una figura híbrida en la que las partes en conflicto se someten a mediación y que posteriormente someten a arbitraje aquellos temas que la mediación no ha sido capaz de resolver. Es una figura infrautilizada claramente, con muchas posibilidades cuando lo importante para las partes es terminar pronto y definitivamente con un problema.

ADJUDICACIÓN

Es un proceso formal para otorgar a alguien un bien o derecho. No tiene el mismo sentido en la práctica legal anglosajona donde puede ser un procedimiento para resolver rápidamente aspectos técnicos en una disputa, por ejemplo, en la construcción. Se requiere de un tercero revestido de autoridad formal.

OPINIÓN NO VINCULANTE

En la tradición hispana del derecho se refiere a dictámenes elaborados por terceros que estudian los antecedentes del caso y del derecho aplicable y que dan un punto de vista informado de lo que podría ser el resultado de un proceso judicial. Típicamente es usado para hacer un primer acercamiento a un problema con claras connotaciones legales.

OMBUDSMAN

Es una figura de amplia utilidad en resolución de conflictos. En su origen es un proceso de la tradición sueca y es una figura vinculada al Estado para defender derechos vulnerados por el mismo frente a sus ciudadanos.

No obstante, se puede usar en organizaciones con dependencia de la alta dirección y grado de independencia acordado. Entre sus misiones cuenta resolver casos concretos y formular recomendaciones para evitar supuestos conflictos. Su uso y utilidad son crecientes.

ONLINE DISPUTE RESOLUTION (ODR)

Es un campo con alta potencialidad sobre todo vinculado al comercio internacional. Pero no únicamente en este campo. Se trata de aplicar las nuevas tecnologías a la resolución de conflictos, existiendo diferentes formas de intervención. Facilitan negociaciones y mediaciones y permite salvar distancias. Existen diversas plataformas en Internet.

MEDIACIÓN ESTÁNDAR

Figura de resolución de conflictos por la que uno o varios terceros, neutrales, facilitan sin imponer un proceso de orden confidencial al que las partes asisten voluntariamente. En algunos casos, la mediación puede ser obligatoria en cuanto a su asistencia a la sesión informativa del proceso. No así respecto del resultado. El control del resultado depende siempre de las partes una vez iniciado el proceso. De alguna manera es una negociación asistida y existen diversos modelos en cuanto a la forma concreta de practicarla.

CONCILIACIÓN

Sería la figura de la mediación, pero con la salvedad de que el tercero neutral tiene el poder de formular sugerencias a las partes para conseguir el arreglo de las diferencias presentes.

FACILITACIÓN

Figura de resolución de conflictos que significa un nivel mínimo de intervención. El facilitador proporciona medios a las partes: espacios, dirige reuniones sin opinar, proporciona contactos a las partes, explica recursos sin intervenir para nada en el fondo del asunto.

Es una figura que es poco usada pese a su enorme potencialidad. Dentro de la facilitación pueden encajar recursos como el llamado *world cafe* y otras herramientas basadas en la innovación social. El facilitador no arriesga, crea condiciones y entornos no amenazantes.

MEDIACIÓN NATURAL

Se trata de personas sin formación específica en mediación, pero con habilidades para mediar aprendidas en el proceso socializador. De alguna manera la sociedad segrega mediación, como un cauce normal para encarrilar diferencias personales. El mediador natural se gana el respeto de las partes por su falta de posicionamiento sobre el fondo de las diferencias y su invitación a que los afectados resuelvan el conflicto con su propia y desinteresada ayuda.

COMEDIACIÓN

Es una forma de practicar la mediación que coge vida propia en asuntos altamente complejos y en todos aquellos en los que conviene trabajar en equipo.

La comediación refuerza la calidad de la mediación al incorporar entre otras cosas la observación desde la óptica mediadora, o bien información en asuntos de alta complejidad técnica.

FACT FINDING

Con carácter general, se trata de la recogida de información relevante sobre un conflicto en particular, tratando de ordenarla. La información procede de distintas fuentes.

Se trata de un procedimiento donde la neutralidad del lenguaje y la objetivación de los hechos es muy relevante. Forma parte esencial de muchos procesos de resolución de conflictos. Esta metodología tiene su origen en el campo de la diplomacia. El experto o expertos pueden requerir información técnica específica sobre áreas concretas de su encargo.

VOTACIONES NO VINCULANTES

En determinados asuntos complejos en los que se precisa una decisión, puede usarse como procedimiento para explorar el consenso existente respecto de un tema dado. Las votaciones del grupo pueden ser secretas o no. Estas votaciones solamente tienen el valor indicativo.

LA DOBLE VOTACIÓN

Es un procedimiento usado sobre todo para elegir personas y procede de la política. En la primera votación se eliminan los candidatos que no han superado un mínimo. A partir de aquí y en un breve espacio de días (una o dos semanas o menos),se efectúa una segunda votación ahora con resultados definitorios.

MEDIOS COERCITIVOS

En algunas circunstancias se impone el uso del poder. Así, cuando nadie quiere asumir responsabilidades, cuando la presión de tiempo es muy fuerte para tomar una decisión o cuando conviene demostrar autoridad a un grupo en determinadas circunstancias: despedir a alguien, expedientar a funcionarios, romper relaciones, etc.

Son situaciones que conviene minimizar pero que forman parte de la práctica de resolución de conflictos y que debe ser ponderada. En estos supuestos hay que prever las consecuencias de la decisión adoptada.

ACUERDO DE SOMETIMIENTO A UN PROCESO RESOLUTORIO

En el derecho civil español la cláusula de sometimiento de las discrepancias a un juzgado específico tenía por objeto evitar discusiones sobre la competencia de un órgano judicial.

En cambio, en el derecho anglosajón, los contratos acostumbran a tener una cláusula referida al fondo del asunto objeto de contrato, estableciendo un procedimiento que contempla los niveles mínimos de coerción y los máximos. Típicamente establecen la negociación como primera vía, la mediación y el arbitraje en última instancia.

USO DE LA CREATIVIDAD

La búsqueda de soluciones diferentes a las usuales ha pasado a ser de uso común en negociación, siendo un punto muy relevante en el modelo negociador de la Universidad de Harvard. Existen técnicas muy diversas y de alta utilidad que van desde la muy conocida como *brainstorming*, o en español «tormenta de ideas», hasta los distintos recursos desarrollados sobre todo por el profesor Eduard de Bono: «seis sombreros para pensar», metaplan, etc. Su uso puede ser un recurso relevante no solo en negociación sino en la búsqueda de salidas aceptables para las partes en conflicto.

COACHING

Las técnicas vinculadas a las distintas formas de *coaching*, tienen por función ayudar a que alguien o un grupo tome decisiones adecuadas.

El rol del tercero es conducir una reflexión siempre a partir de los razonamientos de la persona o el grupo dirigiéndose con preguntas pertinentes al diálogo interior de cada cual. Se orienta su uso a mejorar la calidad de las decisiones en situaciones problemáticas.

SEMANA DE LA MEDIACIÓN

Procedimiento usado en algunas partes de los Estados Unidos por el cual desde los juzgados se estimula el uso de la mediación para resolver asuntos ya judicializados.

La iniciativa es de los juzgados que invitan a las partes de manera más o menos masiva a que se esfuercen en encontrar soluciones negociadas a sus diferencias. El hecho de que sea el tribunal el que adopte esta posición evita que nadie interprete el gesto de negociar como una claudicación de la parte.

PUNTO DE ENCUENTRO

Es una figura específica encajable en el marco de la facilitación y específica para supuestos de mediación familiar con separación y con menores afectados.

El punto de encuentro es un lugar donde los padres y madres intercambian los hijos en el proceso de separación para evitar situaciones de alta tensión. Su rol es neutro, facilita medios para que la relación interpersonal vaya mejorando. Es un recurso de uso transitorio en tanto en cuanto se den las condiciones de anormalidad.

PUNTO DE ESCUCHA

De particular interés en mediación escolar y en organizaciones muy rígidas. Un punto de escucha es una zona de desahogo personal, se instrumenta de manera que alguien pueda recoger quejas y aconsejar a la dirección medidas de orden preventivo para evitar trastornos mayores.

Un requisito es la confidencialidad estricta para su buen funcionamiento. En algunos casos el punto de escucha se halla físicamente fuera de la organización.

JUZGADO DE PAZ

En los lugares en los que se implanta se hace con la idea de aprovechar los rituales del derecho (uso de togas, reglas, etc.), pero su uso se limita a los recursos que pueda tener un juez conciliador que no tiene capacidad de decisión sobre el fondo del asunto.

Evidentemente puede dar consejos informados a las partes a partir de sus propios conocimientos y experiencia. Típicamente acostumbra a tratar temas menores pero relevantes para las partes.

MEDIACIÓN POLICIAL

Es una figura muy específica de la mediación en cuanto que representa una mediación desde una figura pública de autoridad. Su uso tiene aplicación cuando la figura está implantada y existen policías con capacidad mediadora.

Sirve para pactar reducir tensiones en situaciones de manifestaciones, etc., evitando daños mayores. También en problemas vecinales y cuando la obligación legal es mínima y las molestias intensas.

MINITRIAL

Aunque adopta diferentes formas, se trata de una figura que usa la confidencialidad y en la que cada parte defiende con todos sus argumentos su posición.

Un árbitro o tercero neutral toma una decisión no vinculante, pero que permite a quienes han de tomar decisiones sobre el conflicto oír los diferentes aspectos del problema, antes de seguir con una negociación y así mejorar la calidad del resultado negociador.

RECURSOS PROVENIENTES DEL TEATRO

Entendida la vida social como una obra de teatro de acuerdo a varios relevantes sociólogos (Goffman; Moreno) el denominado en inglés *dramaturgical analysis* tiene por objeto estereotipar las posiciones de las partes en un entorno donde puedan observarse como actúan y reflexionar sobre su propio rol en el conflicto.

Juega con lo que en teoría de la atribución se conoce como sesgo actor/observador. Se pretenden cambios a partir de una nueva toma de conciencia de la propia posición.

DIVIDE Y ELIGE

Procedimiento utilizado para repartir bienes físicos. Una parte efectúa la división de la cosa objeto de litigio, pero permite a la otra que elija la que prefiera. Reduce el riesgo de particiones muy enojosas para una parte.

COORDINACIÓN PARENTAL

Figura reciente procedente del ámbito de mediación familiar cuyo objeto es obtener acuerdos en los temas de menores que pueden ser relevantes para el bienestar de aquellos, aunque a veces puedan parecer a la otra parte sin importancia real.

El coordinador parental aceptado por las partes tiene experiencia acumulada en cómo se resuelven problemas muy concretos de los menores y es de alta ayuda.

OBTENCIÓN DE INFORMACIÓN GRUPAL VÍA TELÉFONO MÓVIL

Se trata de disponer de un programa informático simple, pero muy adaptado, de forma que cuando ya está impuesto un auditorio específico de un tema narrado por un experto, se pide a cada asistente que se pronuncie en términos muy simples y preestablecidos sobre lo que ha visto u oído.

Es una rápida encuesta para pulsar el estado de opinión en un momento dado.

PROCEDIMIENTO JUDICIAL SUMARIO

Usado en supuestos en los que están en juego derechos fundamentales o en los que por razón de materia conviene tomar una decisión rápida ya sea en el ámbito judicial público o en el contexto acordado privado.

En cualquier caso, tiene reglas explicitas y su uso está previamente tasado en la ley o en el acuerdo.

AUDITORÍA DE CONFLICTOS

Aplicado sobre todo en organizaciones con el objeto de identificar las fuentes de conflictos reiterativos, reducir sus costes y mejorar el clima laboral.

Es un recurso válido también en organizaciones públicas, pero que requiere definiciones previas respecto a qué es lo que se considerará un conflicto y forma de tipificarlo.

PROCESOS ESPECÍFICOS DE PUEBLOS ORIGINARIOS

Existen diversas figuras específicas distintas de las que examinamos en la cultura occidental, algunas de las cuales serían perfectamente aplicables a nuestros contextos.

En los conflictos interculturales las expectativas de resolución de las partes también pueden ser distintas por los aprendizajes efectuados previamente en otros ámbitos culturales. Figuras como «el tío» en el pueblo gitano, con capacidad de arbitraje y castigo a los miembros de la comunidad, o bien los chamanes mexicanos, con capacidad reconocida por la comunidad para crear armonía, son ejemplos.

En realidad, cada comunidad tiene formas propias de afrontar los conflictos, con una raíz común: la reconciliación es mejor que la fractura del tejido social.

Estimamos que la antropología social ha trabajado poco en la sistematización de esta área de alto interés para la conflictología.

ABOGACÍA COLABORATIVA

Se trata de un nuevo y reciente paradigma en la forma de practicar el derecho. En su forma más pura, los abogados de las partes se comprometen a negociar a fondo las diferencias existentes y a dejar el caso en manos de otros abogados litigantes si no son capaces de alcanzar un acuerdo satisfactorio.

Evitan el tribunal, en cualquier caso. Actualmente, empieza a ser una tendencia cada vez más relevante.

Una extensión del concepto es el *partnership*, para asuntos no vinculados al derecho pero sí a objetivos colaborativos de las partes.

TELÉFONO ROJO DE COMUNICACIÓN DIRECTA

Figura proveniente de la diplomacia internacional, pero aplicable a otros supuestos. Se trata de tener acceso directo y rápido a los últimos miembros decisores para tratar de evitar situaciones graves y de fuerte repercusión. Útil en mediación ambiental, conflictos públicos, políticos, organizacionales, etc.

MODELIZACIÓN

La creación de un modelo o una prueba piloto es un recurso de amplia utilización sobre todo cuando se trata de invertir medios en programas nuevos de los que se pretenda su generalización posterior.

El modelo permite experimentar y corregir errores, antes de la aprobación final del proyecto que fuere.

APARCAR PRINCIPIOS Y VALORES

Técnica conocida en inglés como *delinking* que consiste en que las partes reconozcan que los valores o principios que inspiran sus decisiones son fuertemente contradictorios para cada parte.

No obstante, haciendo abstracción de estos principios y valores se obliga a explorar las posibles vías de solución del tema objeto de controversia.

TERAPIA

Determinados asuntos afectan de manera preferente a lo intrapersonal y el gestor de conflictos no puede acceder a ese nivel.

La derivación a otros profesionales puede ser un recurso de soporte. Permite alcanzar acuerdos y reforzar posteriormente aspectos tales como sentimientos de culpa, reforzamiento de la autoestima, etc., con el fin de dar más estabilidad a los pactos celebrados.

DIÁLOGOS APRECIATIVOS

Figura de amplia utilidad que puede enmarcarse tanto en la facilitación como en procesos de mediación con grupos si la fase de escalada no es muy alta. Requiere para su éxito el uso de técnicas específicas bien experimentadas actualmente.

Se basa en reforzar continuamente aquellos aspectos positivos de la relación anterior y trasladarlos a ideas de futuro.

ANÁLISIS DEL DISCURSO

Recurso procedente de la lingüística que permite orientarse en las ideas que contienen las palabras exprèsadas. Actualmente, existen ya programas informáticos muy recientes y rápidos para esta función.

DIPLOMACIA DE DOBLE VÍA

Se trata de asumir por las partes que además de efectuar conversaciones formales, conviene usar una vía discreta privada para avanzar en cuestiones públicas normalmente sobre las que existe una fuerte sensibilidad.

TÉCNICAS DE GENERACIÓN DE CONSENSO GRUPAL

Conjunto de técnicas más conocidas por la expresión inglesa *consensus building* que basadas todas ellas en recursos de facilitación, tratan de limar diferencias dentro de uno o varios grupos enfrentados. Algunas son conocidas y aplicadas tales como: el *world cafe*, *open space*, metaplan, etc.

USO DE TESTIGOS Y OBSERVADORES

Recurso importante en conflictos de orden público y armados. La función de los observadores y testigos es poder acreditar hechos de forma objetiva ante organismos con capacidad de exigir responsabilidades a las partes.

Su función es un intento de parar escaladas violentas. Se usa también como forma de control ante tribunales con insuficiente legitimación social.

FUERZA DE INTERPOSICIÓN

Se utiliza en conflictos armados para separar a los combatientes. La idea de interposición aparece incluso en peleas domésticas siempre que dos partes recurren a la violencia.

Es un recurso pensado como una fase previa a un control posterior de la escalada del conflicto y al tratamiento de las raíces del mismo.

RIÑA LEAL

La riña leal es una técnica de resolución de conflictos de amplia utilidad en todos los supuestos de problemas interpersonales. Su filosofía es pactar un cierto nivel de enfado que permita liberar la ira, bajo condición de no ser tenida en cuenta la emocionalidad. Es también muy útil en situaciones en las que conviene desbloquear conflictos crónicos en organizaciones.

La metodología básica es prevenir a las partes de que se va a liberar agresividad, pero impedir que se efectúen ataques a la autoestima. La agresividad se dirige a cómo se ha ejecutado el rol. Debe preverse la finalización con una fase de reintegración de las emociones y actitudes conciliatorias.

Un supuesto práctico se publicó en *Journal of Conflictology* y está disponible en la red.

BIBLIOGRAFÍA

ALZATE, R. (1998). *Análisis y resolución de conflictos: una perspectiva psicológica.* Bilbao: Universidad del País vasco.

BLUMER, H. (1982). *El interacccionismo simbólico.* Barcelona: Hora.

CANTO, J. M. (1994). *Psicología social e influencia.* Málaga: Algibe.

GILBOA, E. (2009). «Media and Conflict Resolution». En *The Sage Handbook of Conflict Resolution Bercpvitch* J., Kremenyuk V y Zartman, W. (eds.). London: Sage Publications.

GOFFMAN, E. (1987). *La presentación de la persona en la vida cotidiana.* Buenos Aires: Amorrurtu.

JIMÉNEZ, D. (2019). *El director.* Madrid: Libros del K.O.

HONNETH, A. (1997). *La lucha por el reconocimiento.* Barcelona: Grijalbo Mondadori.

LINDSKOLD, S. (1978). «Trust development, the GRIT proposal, and the effects of conciliatory acts on conflict and cooperation». *Psychological Bulletin APA Psynet,* 85(4): 772-793.

LIPTON, B. H. (2007). *La biología de la creencia.* Madrid: Palmyra.

MARCUM, D. y SMITH, S. (2009). *Egonomics.* Barcelona: Granica.

MASLOW, A. (1976). *El hombre autorrealizado.* Barcelona: Kairós.

MOSCOVICI, S. (1981). *Psicología de las minorías activas.* Madrid: Morata.

PRUITT, D. (1998) «Social Conflict», en Gilbert, D. T.; FISKE, S. T. y Lindzey, G. (comps.). *The Handbook of Social Psychology.* Boston: Mac Graw Hill.

REDORTA, J. (2018). *La estructura del conflicto.* Córdoba: Almuzara.

——— (2015). *Conflict management.* Córdoba: Almuzara.

——— (2005). *El poder y sus conflictos.* Barcelona: Paidós.

REDORTA, J.; OBIOLS, M. y BISQUERRA, R. (2006). *Emoción y conflicto.* Barcelona: Paidós.

RUBIN, J. Z.; PRUITT, D. G. y KIM, S. H. (1986). *Social Conflict.* San Francisco: Mac Graw Hill.

RUIZ, J. J., OBERTS,U. E. y QUESADA, A. M. (2006). *Estilos de vida.* Barcelona: Paidós.

SANDOLE, D., BYRNE, D., SANDOLE-STAROSTE, I. y otros. (2008). «Towards a Conflictology: the Quest for Transdisciplinarity». En *Handbook of Conflict Analysis and Resolution.* London: Routledge.

SBANDI, P. (1990). *Psicología de grupos.* Barcelona: Herder.

SELIGMAN, M. E. (1995). *Indefensión en la depresión, el desarrollo y la muerte.* Madrid: Debate.

SKAILEU, A. C. (1996). *Para que la sangre no llegue al río.* Barcelona: Granica.

SPRANGER, E. (1966). *Formas de vida.* Madrid: Selecta.

THOM, R. (1977). *Estabilidad estructural y morfogénesis.* Barcelona: Gedisa.

THOMPSON, D'Arcy. (2003). *Sobre el crecimiento y la forma.* Madrid: Cambridge University Press.

URY, W. (1999). *Alcanzar la paz.* Barcelona: Paidós.

VINYAMATA, E. (2007). *La conflictología.* Barcelona: UOC.

YARN, D. H. (1999). *Dictionary of Conflict Resolution.* San Francisco: Jossey Bass Publishers.

AGRADECIMIENTOS

Una vez más tengo que dar mi agradecimiento a todas aquellas personas que me han ayudado en la labor de revisar el libro. En algunos casos a pesar de la época estival y los períodos vacacionales. Martí Olivella —siempre ocupado— fue el primero en hacerme notar párrafos iniciales poco claros. Rosana Gallardo de Vila-real, con quien llevamos años cooperando me estimuló a publicarlo sin más. Elena Baixauli me destacó aspectos positivos del libro. Amparo Quintana, Anna Vall y Jordi Casajoana, además de Francesc José María, todos ellos vinculados a la mediación y al mundo del derecho me hicieron sugerencias en aspectos que me interesaban especialmente.

Como siempre, mi buen amigo Josep Gajo, consumado lector y brillante organizador de animadas tertulias a las que asisto, leyó el original para darme su punto de vista siempre en detalle. Otra lectura que siempre agradezco es también la de mi esposa Anna Soldevila, psicóloga, que me obliga a repensar algún párrafo y me organiza aspectos materiales del contenido que requieren precisión.

Elisabet Navarro de Editorial Paidós me concedió el permiso para las imágenes de la obra de William Ury. Siempre ha seguido mi obra desde las primeras publicaciones. Montserrat Lorente hizo una primera revisión gramatical del texto poniendo remedio a mis desperfectos lingüísticos.

Y, tengo especial interés en destacar la labor de Manuel Pimentel y su equipo de Editorial Almuzara. He podido constatar cómo sus ediciones son cada vez más cuidadas y su gran flexibilidad para adaptarse a los cambios. El título del libro es totalmente sugerencia de Manuel y sus palabras de ánimo y feedback siempre me ayudan. Ya son varias obras publicadas con Almuzara y solo puedo decir que mi satisfacción y confianza ha ido creciendo con el tiempo.

Camilo Azcarate sacó tiempo de sus múltiples ocupaciones para hacer un prólogo que me hace feliz. En todo caso un agradecimiento especial desde el otro lado del Atlántico.